東洋文庫 監修

『東方見聞録（世界の記述）』
1485［?］年刊 ラテン語版

Polo, Marco
The Description of the World
Latin edition
translated by Francesco Pipino, 1485［?］

東洋文庫善本叢書
第二期　欧文貴重書②

勉誠出版

目　次

『東方見聞録(世界の記述)』　影印……………………………　3

『東方見聞録(世界の記述)』　解説……………… 斯波義信　163

凡　例

・公益財団法人東洋文庫所蔵の『東方見聞録(世界の記述)』を原色・原寸で影印した。
・解説は、斯波義信(東洋文庫文庫長)が担当した。
・本書掲載のすべての画像は東洋文庫および勉誠出版の許可なく二次使用することを禁じる。

背　　　　　小口　　　　東方見聞録

天

地

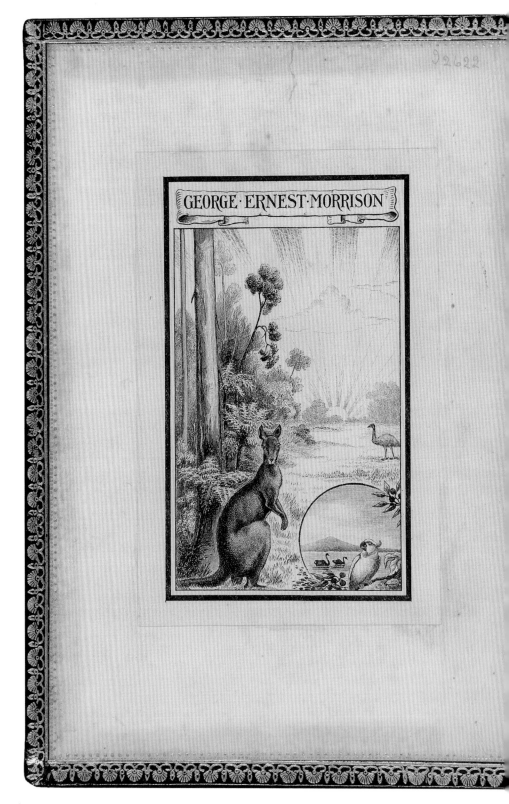

¶ In nomine dñi nri ibū xp̄i filij dei viui et veri amen.

¶ Incipit ꝓlogus i libro dñi marci pauli de venecijs de cō=
suetudinibus et cōdicionibus orientaliū regionū

Ibrū prudentis honorabil'
ac fideliſſimi viri dñi marci
pauli de venecijs de cōdici
onib⁹ orientaliū ab eo in wl
gari edituꝫ et cōſcriptū. Cō
pelloꝛ ego frater franciscus
pepuriˈ. de bononia frm̄ ꝓdi
catoꝛū a pleriſq̷ patrib⁹ et
dñis meis veridica ſeu veri
fica et fideli translacione de
wlgari ad latinū reducere. vt qui amplius latino ꝙ wlga=
ri delectaꝓ eloquio necnō et hij qui vel ꝓpter linguaꝛū va
rietatē omnimodā aut ꝓpter diuſitatē ydeomatū, ꝓpeta
te lingue alterius intelligere oio aut faciliter nequeant aut
delectabilius legāt ſeu liberius capiāt ¶ Porro p ſeipōs
laboꝛem hūc que me aſſumere cōpuleruꝺt pficere plene nō
poterant ſ⁊ alcioꝛi cōtemplacioni vacantes et infimis ſubli
mia pferentes ſicut terrena ſape ita terrena ſcribere recu=
ſarūt ¶ Ego aūt eoꝛ obtpans iuſſioni libri ipſius cōtinen
ciam fideliter et integraliter ad latinū planū et aptū trans
tuli q̄m ſtilū hui⁹ mōi libri materia requirebat ¶ Et ne la
boꝛ hui⁹ mōi inanis aut inutilis videatur cōſideraui ex li
bri hui⁹ inspectione fideles viros poſſe multiplicis gracie
meritū a dño ꝓmereri ¶ Siue qꝛ i varietate decoꝛe et mgn̄i
tudine creaturarū mirabilia dei opa aspicientes ipſius po
terant virtutē et ſapienciā venerabiliter admirari aut vi
dentes getiles pp̄los tāta cecitatis tn̄broſitate tātis q̷ ſoꝛ

a i

dib⁹ inuolutos grās deo agāt qui fideles suos v̄itatis illus
trās luce de tā piculosis tn̄bris vocare dignatus ē in admi
rabile lumē suū. seu eoȝ ignoȝancie ꝓdoletes ꝑ illuminaci
one cordiū ipoȝ dn̄m dep̄cabūr. vl'ī deuotoȝ xp̄ianoȝ de
sideria ꝓfūdent q̄ ifideles pp̄li ꝓmpcioȝes sūt ad veneran
da simulacra q̄ ad verā dei cultū ꝓmpti sūt pl̄imi ex bijs q̄
xp̄i sūt catheractere insigniti siue eciā aliquoȝ religiosoȝu
corda ꝓuocari poterūt ꝑ ap̄liacōe fidei xp̄iane et no" dn̄i
nri ih̄u xp̄i in tāta pp̄loȝ multitudine obliuioni traditū de
ferāt fauente diuino auxilio ad obcccatas ifideliū nacōes
vbi messis quidē multa oparij vero pauci ꝛe aūt iaudita
m̄lta atȝ nob insolita q̄ in libro ħ in locis pl̄imis referūt in
expto lectori icredibilia videāt cūctis in eo legentib⁹ inno
tescat dn̄m marcū boȝ mirabiliū relatoȝe virū esse p̄uden
tē fidelē ac deuotū atȝ honestis moribȝ adoȝnatū a cūctis
sibi domesticis bonū testimoniū bn̄s vt multiplicis v̄tutis
merito sit ipius relacō digna fide Pater āt ei⁹ dn̄s nycola⁹ vir toci⁹ p̄rudēcie hec oīa siliter referebat Patruus
v̄o ipi⁹ dn̄s matbe⁹ curī quē memit liber iste v̄tiqȝ matur⁹
deuot⁹ ꞇ sapiens in mortis articulo ꝓstitut⁹ ꝓfessori suo in
familiari collogo ꝓstanti firmitate asseruit librū hūc v̄itatē
p oīa ꝓtinere ꝑpter q̄d tn̄slacionis ipius laboȝe assūpsi cō
scia cūctoȝ tutoȝe ad ꝓsolacionē legēciū ꞇ ad laudē dn̄i nri
ih̄u xp̄i cūctoȝ visibiliū et inuisibiliū creatoris ⸺:

Explicit ꝓlogus

Liber āt iste in tres libros diuidit̄ qui ꝑ ꝑpria cap̄la
distinguūt quoȝ libroȝ principijs ad facilioȝē contē
toȝ in ip̄is inuenciōes sūt cap̄loȝ titulj p̄enōtj

Incipiūt capitula primi libri
Primū cap̄l'm continet qualiter et q̄re dn̄s nycola⁹ de ve
necijs p̄ dn̄i pauli et dn̄s matbe⁹ tn̄siērt ad ptes oriētales
Scōȝ cap̄. ꝓtinet q̄liter regī maximi tartaroȝ curiā adiērt

Tercium cap. cōtinet qliter apǒ prefatū regē grāz iuenerūt
Quartū cap. ꝯtiz quō ab ipo rege aǒ rōnū pontifice missi
fuerūt ❧ Quintū capitulū cōtinet qliter expectauerūt
venecijs creacōem summi pontificis
Sextū capitulū cōtinet qliter redierūt aǒ regē tartaroꝛū
Septimū capitulū ꝯtinet qliter ab eo suscepti sunt
Octauū cap. ꝯtinz qliter natº dni nicolay creuit in grā corā
rege ❧ Nonū caplm ꝯtiz qliter post multa tpa optinue
runt grām a dnio rege aǒ ꝓpria remeandi
Decimū cap. ꝯtiz qliter venecias rediert ❧ Undecimū
caplm ꝯtinet descripcōem pciū orientaliū regionū ⁊ pmo
de minori armenia ❧ Duodecimū caplʒ ꝯtinet de ꝑui
cia turchie ❧ Decimūtciū cap. ꝯtiz de armenia maiore
Decimūquartū cap. ꝯtiz de ꝑuicia zorzanie ❧ Decimū
quintū cap. ꝯtiz de regno mosul ❧ Decimūsextū cap ꝯ
tiz de regno baldachi ❧ Decimūseptimū cap. ꝯtiz de ci
tate thaurisy ❧ Decimūoctauū cap. ꝯtinz de miraculo
tñslacionis cuiusdā mōtis i regno illo ❧ Decimūnonū
cap. ꝯtiz de regione psaꝛ ❧ Uicesimū cap. ꝯtz de citate
yasoi ❧ xxi. cap. ꝯtinet de citate crermā xxij. cap. ꝯ
tinz de citate camaducet i rgione recbarler ❧ xxiij. cap.
ꝯtz de cā pestribº formoꝛ ⁊ ǒ citate cormos ❧ xxiiij. cap.
ꝯtiz ǒ int media regione int cormos et citatem crermā
❧ xxv. cap. ꝯtiz de qǒā hereǒ q media ē int citatē crermā ⁊ in
ter citatē cobinā ❧ xxvi. cap. ꝯtiz de citate cobina
xxvij. cap. ꝯtiz de regno tumocayn de arbore solq wlgarit
arboꝛ sicca ǒꝛ ❧ xxviij. cap. ꝯtinz de tyrāno q dicebat se
nex de mōtanis et siccarijs ⁊ assessiuis eiº ❧ xxix. cap cō
tinz de morte eiº et de destructōe loci eiº ❧ xxx. cap ꝯtiz
de citate sepurgā et de finis eiº ❧ xxxi. cap. ǒ castro tar
tā ❧ xxxij. cap. de citate balach ❧ xxxiij. cap. de citate
scasse ❧ xxxiiij. cap. de citate balascē ❧ xxxv. cap. ǒ ꝑ
uicia bascye ❧ xxxvi. cap. de ꝑuicia cesymur ❧ xxxvij.
cap. ꝯtinet de ꝑuincia nochā et de montibº altissimis

Xxxviij.^m capitulū cōtinet de prouincia taschar

Xxxix.^m capitulū continet de ciuitate samarchā et de miraculo colūpne fcō in ecclesia sancti Johannis baptiste

Xl.^m capitulū continet de prouincia carthan

Xli.^m capitulū cōtinet de prouincia coithan

Xlij. capitulū cōtinet de prouincia peyn

Xliij. capitulū continet de prouincia carchia.

Xliiij.^m capitulū ptinet de ciuitate lop et de deſto maximo

Xlv.^m capitulū cōtinet de ciuitate sachien et de ritu paganorū in cōbustione corporū mortuorū

Xlvi.^m capitulū continet de prouincia camul

Xlvij.^m capitulū cōtinet de prouincia chynchynculas

Xlviij.^m capitulū cōtinet de prouincia succar

Xlix.^m capitulū cōtinet de ciuitate campion

L. capitulū cōtinet de ciuitate zozma et alio deſto magno

Lj. cap'lm ptinz de citate carocorā z de iicio dnīj tartaroz

Lij. capitulū continet de primo rege tartarorū chinchis z discordia orta cū rege suo

Liij. capitulū cōtinet de cōflictu tartaroz cum rege illo et de victoria illoz.

Liiij. capitulū cōtinet de cathologͣ regū tartaroz et qliter regum illoz corpa sepeliuntur in monte alcay

Lv. cap. ptz de psuetudinib⁹ gñalib⁹ z de morib⁹ tartaroz

Lvi. capitulū cōtinet de armis et de vestibus ipoz

Lvij. capitulū continet de cibis tartaroz.

Lviij. capitulū cōtinet de ydolatria et de orōib⁹ tartaroz

Lix. cap. ptiz de strenuitate industria z fortitudie tartaroz

Lx. capitulū continet de ordine exercitus tartaroz et sagacitate bellandi.

Lxi. capitulū cōtinet de iudicibus et eoz iusticia

Lxij. capitulū continet de campestribus bargi et de extremis insulis aquilonis

Lxiij. capitulū cōtinet de regno ergimul et de citate singui

xiiij. capitulū continet de ciuitate egrignia
xv. cap. cōtinet de puincia seduch et gog et magog et de ciuitate cyagomor
xvi. cap. cōtinet de ciuitate cyaudu et de meroze regali τ magorū illusionibus.
xvij. cap. cōtinet de monachis quibusdā ydolatris
Expliciunt capitula primi libri.

Incipit liber pm⁹ dñi marci de venecijs. Cap™ pmū.

Tempe quo balduin⁹ princeps sceptrū cōstātinopolitani imperij gubnabat Anno ab incarnacōe dñi MCC quinqgesiō duo nobiles ac prudētes germani īclite ciuitatis veneciar incole nauē ppria diuersis opib⁹ et mcimonijs onerata cōcordia in portu veneto cōscendētes pspero flante vēto deo duce cōstātinopolim prexerūt. horū maior natu vocabatur nycola⁹ alter vero matheus quor pgenies domo pauli dicebat Cūq in cōstantinopolitanā vrbē in breui tpe fuissent felicit expediti nauigantes inde pfectus āplioris grā pueuerūt ad portū ciuitatis armenie q dicit solodada vbi pciosa iocalia pparātes b™ consilio vnius magni regi tartarorū curiā adierunt qui dicebat barka cui cūcta q secū detulerāt. s. munera offerentes benigne ab ipo suscepti sūt a quo vsa vice maxima τ ampliora donaria pceperunt Et cū in regno illius p annū fuissent vellentq redire venecias subito inter pnominatū regem et regē alium tartarorū Kan. noua et grandis ē discordia exorta. Et cū contra seinuicē amborū exercitus concertassent Kan victor extitit Regis aūt barcha exercitus ruine nō modice patuit ob quā causam discrimibus circūspectis remeandi eis ad propria p viam pristinā aditus regressus preclusus est. Consilio aūte inito qualiter possent constantinopolim remeare oportuit ipsos regnū barcha vias peropᵃ

a 3

positas circuire sicq3 puenerūt ad ciuitatē q̄ dicit̄ onchata
inde pgredientes trāsierūt fluuiū tigrid qui vn9 est ex qua
tuor fluib9 padysi ptrāsierūt q3 desertū p xvij. dietas neq3
ciuitatē neq3 opida r̄pientes oīno donec puenerūt ad ciuitatē optimā q̄ dicit̄ bochaya in regione psidis cui rex qui
dā noīe barach psidebat ibi annis tribus morati sunt

Qualiter regis maximi tartaroȝ curiā adierunt Ca
pitulū scōm.

Eo tpe vir quidā tocius prudencie a pnoīato rege ad
maximū tartaroȝ regē directus applicuit bochare i-
biq3 pfatos repiens viros qui iā plene in lingua tartarica
fuerāt eruditi sup̄ modū letat9 est eo q̄ viros latinos nūq̄
alios viderat quos tn̄ videre vt p̄imū affectabat Et cū di
eb9 p̄imis cū eis colloquiū et ꝓsorciū habuisset eoȝ q̄ gra
tos mores fuisset epxt9 psuasit eis vt cū eo sil' maximū tar
taroȝ regē adirent pmittēs q̄ honorē maximū ac benefi
cia maxima eēnt pcepturi Qui videntes se sine difficulta
te diuturna habere regressū ad ppria se psidio dī ꝯmittētes
pīter arripuerunt iter cū ill' familiares xp̄ianos būtes co
mites quos secū de venecijs duxerāt Spacio aūt anni v
nius puenerūt ad regē maximū oīm tartaroȝ qui vocabatur tublay qui lingua eoȝ magn9 kaan dicit̄ qd in lingua
latina sonat magn9 rex regū Cā āt tante plixitatis tpis in
eundo hec fuit q2 ppt niues et inūdacōes fluinū et torrē
tū eos in via exspectare oportuit donec niues q̄ sup excre
uerāt declinarēt et eciā aque que inūdauerūt Fuit aūt
via eoȝ āno ipo subsequēdo ad aquilonarē ventū q̄ a vene
tis dicit̄ wlgariter tramōtana que aūt in via viderunt suo
loco in libro hoc describent̄ per ordinem

Quomodo apud prefatū regē grām inuenerūt Capi
tulū terciū

Cum āt magni kaam ɔspectui oblati sūt ipe rex sūme benignus erat et eos suscepit alacriter Inqsiuit aūt ab eis p multas vices de condicionib⁹ occidētaliu̅ pciū de impatoze rōnoꝝ de regib⁹ et pzincipib⁹ xpianis ⁊ qliter i eoꝝ regnis huabaṫ iusticia qliter eciā i rebus bellicis se hē bāt Inquisiuit eciā diligēṫ de mozib⁹ latinoꝝ et sup oīa diligenci⁹ introgauit de papa xpianoꝝ et de cultu fidi xpi ane Ipi āt vt viri pzudentes sapienṫ ad singula rn̄derunt ꝓpter ꝗonꝗ sepe eos ad se introduci iubebat habuerunt ꝗ graciam in oculis eius.

Quō ab ipo rege ad rōnū pōtificē missi sūt **C**apitulū quartū

QLadā igitur die p̄fatus kaam consilio pzius cū baro nibus habito rogauit p̄fatos viros vt sui amoze redi rent ad papā cū vno de suis baromb⁹ qui dicebaṫ cogatal ꝓ pte ipius sūmū pontificē xpianoꝝ rogaturi quaten⁹ ad eū centū sapientes xpianos dirigeret qui scirent on̄dere su is sapiencijs rōnabiliṫ et pzudēter si verū erat ꝗ xpianoꝝ fides essēt melioz int̄ oēs. et ꝗ dij tartaroꝝ eēnt demones et ꝗ ipi et ozientales alij decepti erāt in suoꝝ deoꝝ cultura desiderabat cām audire rōnabiliṫ q̄ fides essēt rōnabiliṫ y mitāda A̅uꝗ pcidissent huilit coꝛā eo dicētes se ad cūcta eius bn̄placita pzeparatos fecit rex scribi lr̄as ad romanū pontificē in lingua tartaroꝝ quas illis tradidit deferēdas Tabulā eciā auream testimonialē ill' tradi iussit signo regali sculptā et isignitā. iuṫ p̄suetudinē sedis sue quā qui defert deduci debet de loco ad locū a cunctis superiozib⁹ ciuita tū suo imperio subiectaꝝ cū omni sua comitiua securus ⁊ q̄ diu imozari voluerit i ciuitate vel opido dēt illi de expē sis et necessarijs oibus integraliṫ puideri Insup impo suit ei rex vt de oleo lāpadis ꝗ pendebat ad sepulchrū dn̄i nostri ihū xpi in ihr̄l'm ei deferrent in reditu. **C**redebat

eni xp̄z vnū esse in numero deoꝝ bonoꝝ Cū ergo fuissent
in regis curia boñbiliter p̄pati.accepta a rege licencia iter
arripuerūt litterā et aureā tabulā deferentes Et cū ꝑ die-
tas.xx.equitassent simul/baro cogatal/que secū hēbant fu
it ḡuiter isirmatus ꝓpter qō de volūtate ipsius et m̄ltoꝛu
cōsilio.eo relicto.inceptū iter cōtinuauerūt ꝓpter tabulā
aūt aureā quā hēbant fuerunt reuerent̄ vbiqz suscepti Ob
inūdaciones fluminū quas i locis p̄imū inuenerūt retar
dari se oportuit iter eoꝛ nā āuis t̄bus i via fuerūt aȳꝗ ad
portā ciuitat̄ armenoꝝ q̄ dicit̄ glasa puēire potuissent.de
glasa vero ꝑgredientes ꝑ mare puenerunt in mense aprili Anno M̄ C C lxxij in acchon

Q̄ualiter exspectauerūt venecias creacionē summi p̄otifi
cis   Capitulū quintū
Cūm igressi ergo fuissent achon audierūt dn̄m clemē
tē papā quartū nuꝑ fuisse defunctū sūp quo fuerūt ve
hemētissime ꝑtristati Erat āt in achon legat⁹ quidā apl'i-
ce sed dn̄s sc5 Theobald⁹ de vicecomitib⁹ de placēcia cui
ꝑcta ꝓpr̄ que missi fuerūt a magno chaā narrauert̄. Eius
cōsiliū fuit vt oīno creacōem sūmi p̄otificis exspectarēt iue
rūt venecias videndo suos vbi māsuri quousq3 sūm⁹ p̄oti
fex crearet̄ Et qn̄ puenerūt venecias/inuenit dn̄s nicola⁹
vxorē suā esse defūnctā q̄ i recessu suo fuit pregnās ieitq3
filiū noīe marcū qui iā ānos xv. hēbat etat̄ qui post disces
sum ip̄⁹ de venecijs fuerat de vxore sua p̄sata H̄ic ē marcus ille q ꝑposuit hūc libꝝu cui q̄liter ħ fuerint infra pateb'
Interi āt elciō sūmi p̄otificis adō dilata ē q̄ duob⁹ annis
venecijs ꝑmanserunt ipām electionē cotidie p̄stolantes.

Q̄ualiter redierīt ad regē tartaroꝝ   Capitulū sextum
Post ānos v̄o duos p̄dicti reḡ nūcij metuētes ne r̄x ex
moꝛa eoꝛ nimia t̄baret̄ et putaret eos āpli⁹ nolle ī di

re ad ipm redierūt achon Marcū pdictū ducētes secū. de
licencia vo legati sepulchrū dñi visitantes de lāpade sepul
chri vt rex postulauerat accepeit Et acceptis lris legati ad
regē in quib⁹ eis phibebat qd fideliī egerāt ⁊ qd romane
ecclie adhuc nō erat puisū de pastore iuerūt ad glazā Alt
āt de achon recesserūt legat⁹ pdcūs recepit cardinaliū nū
cios cp ipe ī sūmū pontifice elcūs erat/imposuitcp nomē ei⁹
gregori⁹ ⁊ missis nūcijs stati eos reuocauit eos reūsos s̄ce
pit alacrit quib⁹ lrās alias tradid⁹ ad tartarox regē duos
cp fres ordis frm pdicatox litteratos ⁊ pbos viros i achō
misit cū eis quox vn⁹ dicebaī fr nicola⁹ vincenci⁹ alius vo
gwilhelm⁹ tpolitan⁹ Cūcp puenissent ad glazā soldanus
babilonie cū exercitu suo armenos iuasit fres vo ppī guar
rax picula et viax discrimina metuentes ad tartarox regē
puenire nō posse cū mgrō tēpli ī armenia remāseī Nam
pluries fuerūt in mort articlo pstituti Nuncij āt regī oī pi
culo se exponētes cū laborib⁹ maxis pueneīt ad regē quē
inuenerūt in citate q̄ ōz cleuesū. fuerūt āt ī itinere de portu
glaze vscp ad cleuemsū ānis ī b⁹ et dimidio Nā iter ipox ī
yeme ppī niues et acps validas ⁊ frigora maxiā p modicū
poterāt pspari Rex āt tublay audiēs a remotī de ipox re
ditu eis misit nūcios obuiā xl. dietas qui eos feceīt de spe
ciali regī mādato ī oib⁹ necessarijs nobilissīe p viā pcurari

Qualiter p eū suscepti sūt Capitulum septimum hui⁹ pmi libri

Dum autē ad regis curiā puenerunt igressi ad regē cū
reuerencia maxima corā eo. qui alacriī eos suscipiēs
iussit vt surgerent et quō eis in via fuerat cū qd summo pō
tifice egerant enarrarent. quib⁹ pcta dcferentib⁹ siue disse
rentib⁹ et exhibētib⁹ litteras pape gregorij Rex litteras
summi pōtificis letanter suscepit et eorum fidelē sollicitu
dinē cōmendauit Oleum de lāpade dñi nri ibesu xpi reue

rent accepit et cū honore reponi mandauit Interrogat āt de marco quis esset Et audito q̄ filiꝰ erat dn̄i nicolaj ipm̄ facie leta suscepit Ipōs vero tres inter familiares cōpu tauit Propter qd̄ ab oib9 curialibus ī multa reuerencia habebāt.

Qualiter marcꝰ filius dn̄i nicolaj creuit in grā regis Capitulū octauū

Marcus vero in breui tp̄e didicit mores tartaroꝣ nec nō linguas q̄tuor varias et diuersas ita q̄ in qualibz ipaꝣ scribere sciebat et legere Mox āt rex volens expiri prudenciā ip̄ius direxit eū p quodā regni negocio ad re gionē remotā ad quā p sex mēses puenire mandauit Ip̄e vero sic prudenter se gessit in oib9 q̄ rex plurimū cuncta q̄ gesserat acceptauit. Et qm̄ rex delectabatur exquirere nouitates mores et ꝓsuetudines hoīm ꝯdicionesqz trarū. Marcus quocūqz transibat studebat sup huiusmōi noui tatibꝰ inferri vt possit regis bn̄placito cōplacere ꝓpter qd̄ annis xvij. quibꝰ fuit familiarī ip̄ius sic illi fuit acceptus vt ab eo cōtinue p magnis regni negocijs mittereƞ Nec igi tur rō est q̄re pfatus dn̄s marcus sic didicit orientaliū par ciū nouitates q̄ infra diligencius discribentur.

Qualiter post multa tp̄a obtinuerūt a rege grām ad ꝓpa remeandi Capitulū nonū

Post hec desiderātes pfati dn̄i redire venecias veniē di a rege pluries licenciā pecierūt qui pre dilcōe mag na quā habebat ad eos ad cōsensū nō poterat iclinari In terea barones vniꝰ regī indoꝣ noīe argon ad magnī regis Cublay curiā puenerūt quoꝣ vnꝰ vōbatur Onlatoy Al ter Alpusta terciꝰ Coyla ex pte sui dn̄i postulantes vt ei vxorē traderent de sua ꝓgenie qr mortua fuerat nup con iūx eiꝰ regiā volglana Rex āt Cublay eos cū magno sus cepit hōre et puellā vnā ill'de sua ꝓgeīe obtulit ānoꝣ xvij.

noie cogatim qui noie dñi sui eam gratanter suscipientes
Cognoscentes quoq; q̃ dñi Nicholaº matheus z Mar
cus desiderabāt ad ṗpria remeare ṗ grã supplicit a rege
postularūt vt ṗ bõre regis argon ipõs tres ad eũ transmit
teret cũ regina quibº inde si vellent redire liceret ad ṗpria
qui ṗcerũ instanti peticõe deuictº pces eo∠ nequit abnue
re tristē tñ ṗbuit postulantibº consensum

Qualiter venecias redierūt   Capitulũ decimũ
Cũm aũt debuerunt iter arripere fecit rex xiiij naues
cũ necessarijs oibº cũ victu biēynio ṗparari q̃ queli
bet q̃tuor malos cũ q̃tuor velis hēbat et cũ illis discesserũt
a rege qui multa de eo∠ recessu displicenciā habuit tradi
ditq; eis duas tabulas aureas vt in oibus regnis sue iuris
dictioni subiectis deberet de tutela et de expensis eis iteg̃
liter ṗuideri Imposuit q; eis ābasiatā ad sũmũ pontifice
et ad reges quosdā xpianoz nauigātes āt post mēses tres
ad insulā q̃ ō̃r Iana puenerūt In ṗ indicũ mare ṗgredie
tes anno vno et dimidio puenerūt ad curiā regĩ argon quē
mortuũ inuenerūt puella quā ṗ rege argon duxerāt filius
eius acceperat in vxorē Ibi cõputacõe facta de socijs qui
mortui fuerāt in via iuenerũt q̃ ṗter nautas mortui fuerũt
de ipoz comitiua viri octuagita duo fuerūt āt ṗter māina
rios in vniũso sex centi In vo ṗgredientes vlteriº q̃tuor
aureas tabulas ṗceptorias ṝceperũt a ṗncipe achatu noie
q regnũ ṗ pũeo guḃnabat q nõdũ aptº erat ad regimē vt i
vniũso eiº iperio bõrarēt deduceret q; securi q̃o optie fc̃m
ē. post mltũ āt tpis mltos q; labores guḃnāte deo pstātino
polim puenerũt inde cũ mltis diuicijs z comitatu magno
icolumes redierũt venecias Anno dñi. m. cc. nonagesimo
quito grãs agētes deo q eos de tātis laboribº et picul libe
rauit Hec autem ideo in huius libri ṗn̄º scripta sũt vt cog
noscat qui legerit hunc librum vnde et quomodo scire po

tuit dñs marcº pauli de venecijs ea q̃ inferiº ꝑtinent Fuit
aūt ꝓdictus dñs marcº in orientalibº ꝑtibº Annis xxvi di
ligēter ꝑ eū vniūso tpe cōputato.

Descriptio orientaliū pciū et primū de minori armenia
Capitulū vndecimū

Narracōe facta mo̱x itineᵹ nc ad ea narranda que vi
dimº accedamus p̄mo minore armenī breuit̄ descri
bem9 Armenie due sūt/maior et mior Armenie minoris
regnū tartarī tributariū est ibi inuenimº rege iusticiā consᷓ
uante. Regnū vero ipm multas ciuitates et multa opida
cōtinet Patria fertilis e et iocūda venacōes bestiarū ⁊ a
uiū ibi multe Aer āt valde sanus est Armenie huiº ātiqui
tus fuerūt strennui bellatores nc āt potatores et timidi ef
fecti Ibi é suꝑ mare ciuitas q̄ dicit̄ glaza maris portū hn̄s
ad quā multi veniūt marcatores de venecijs de ienua ⁊ de
alijs regionibº plimis Multe eñi marcaciones aromatū
diūsarū spēᵹ aliaᵹqᷓ pciosarū opiū de terra illuc deferūt.
Qui eciā volūt orientaliū igredi t̄ras accedūt ad glazam

De ꝑuincia turchie   Capitulū duodecimū

Turchia ꝑmiscuaᵹ gēciū ꝯtinᵹ pplos ex grecis arme
nis et turchis Turchi āt p̄pa linguā hn̄t ⁊ machome
ti abhoiābilis lege idocti hoies sūt ⁊ rudes i mōtibº ⁊ col
libº imorāt̄ ꝑut repire pn̄t cōuenienciº pascua greges mā
gnos hn̄t iumētoᵹ ⁊ pecoᵹ Ibi equi ⁊ muli valorī mḡni sūt
Armeni v̄o et greci q̄ ibi sūt i citatibº et opiō hitant In se
rico nobilissīe opant̄ Citates hn̄t mltas int̄ q̄s pcipue sūt
Barnio ⁊ cassene ⁊ sebasta. Abi btūs blasiº martiriū pro
xp̄o suscepit.subiecti sunt vni de regibus tartaroᵹ

De armenia maiori   Capitulū decimūterciū.

Armenia maior tartarī tributaria maxima prouincia
est multas habens ciuitates et opida Ciuitas metro
polis dicitur acynga vbi fit optimus buchyramis Ibi

scaturiunt aque feruentes in quibus sũt poptima balnea
Due principales ciuitates sunt argyron et argiri In estate habitant ibi multi tartari cũ gregibus et armentis quia
pascua habent vberrima In hyeme vero descendunt ppter magnas niues. In montibus hui⁹ armenie est archa
noe Prouincia hec ẏsus oriente affinis puicie mosul ad
aquilonem vero cõfinis est puincie zorzanorũ In puincie hui⁹ confinio ad aquilonẽ vnus fons magnus est Ex q̃
quidẽ liquor scaturit oleo similis p cibo quidẽ inutilis sed
p vnctionib⁹ et lampadibus optimus Des naciones con-
fines hoc liquore p vnctione et lampadibus vtũtur Tanta enim manat de huiusmodi fonte liquor copia vt de ipo
naues centum simul onerent.

De puincia zorzanie Capitulũ decimũquartũ

Zorzanie puincia tartaror regi tributaria est Fertur
cp zorzanorũ reges cũ signo aquile supra humerũ anti
quitus nascebantur Zorsani pulchri homines sunt et sagittarij optimi xpĩani aũt sunt/ritũ grecor seruantes Ca
pillos breues deserũt vt clericj Fertur magnus alexãder
volens ad zorzanas transire quia oportet volentes ab oriente ingredi p viam transire artam longitudinis leucarũ
quatuor q̃ a latere vno mari concluduntur ab alio montib⁹
ita cp a paucis viris multi exercitus phibentur accessus.
tunc ex quo nequit ad ipos accedere voluit eor ad se pro
hibere accessum Ibiq̃ ad vie pncipiũ turrim fortissimam
eleuauit quã turrim ferream nominauit In hac puincia
multe sunt ciuitates et castra serico habũdantes Ibiq̃ fi
unt panni pulcherrimi de serico et de auro astures sunt op
timi/ibi terra fertilis est. homines patrie marcatores et o
perarij sunt Ibi est sancti leonardi orientalis monasteriũ
monachor iuxta qd est lacus magna. In qua prima die

quadragesime vsq3 ad sabbm sanctū capiuntur pisces ha-
būdantissime Reliquo vero tpe āni pisces oīno repiri
non possunt/dicit aūt lacus illa mare gelucbelā habens in
giro miliaria CC et vi Et distat ab omni mari p dietas xij. In has lacunas ingredit fluuiⁱ eufrates vnⁱ de
quatuor fluibⁱ padysi aliaq3 fluia multa ex quibⁱ oibus la
cune fiūt et ingrediūt hic vndiq3 lacune fiūt. hec circūdate
sūt mōtibⁱ In ill'ptibⁱ iuenit sericū qd wlgarit d̄r ghella

De regno mosul   Capitulū decimūquintū
Mosul regnū est ad orientalē plagbā in ꝓfinio maioris
armenie ibi bitant arabes qui machomettū adorāt Sunt
āt ibi multi xpiani nescorini et iacobini quibⁱ preest priar-
cha magnⁱ quē iacolich vocāt ibi fiūt pāni pulcherrimi de
auro et serico In mōtibus huiⁱ regni bitant boiēs q dicūtur Cardy quoꝝ qdā nescorini qdā iacobini sūt Alij āt legē machometti sectātes hij oēs pdones sūt maximi

De ciuitate baldachi   Capitulū decimūsextum
In illis ptibⁱ est ciuitas baldachi q̃ i scripturis dicit
susis vbi bitat p̄latⁱ maior saracenoꝝ quē caliphū vocant fiūt āt ibi pāni pulcherrimi de auro diūsaꝝ manerieꝝ
Siliter et de serico diūsaꝝ eciā manerieꝝ.s.nassonat et ꝯ-
mesi baldachie nobilior citas ē regionis illiⁱ Anno ab
incarnacōe dn̄i .m.CCl.magnⁱ rex tartaroꝝ alau obsedit eā et p violencia cepit cū interiⁱ essent vltra centū milia
eqtū s̃ exercitⁱ regis erat pmaxiⁱ Calipus qui dn̄abat ibi
turrim vnā babuit plena auro argento lapidibⁱ pciosis a-
lijsq3 mirabilibⁱ imensi valoris s̃ q̃r auarus erat nec sciuit
sibi de sufficienti puidere milicia.nec munera largitus est
militibⁱ quos hēbat idō ꝯfusioni patuit Nā Dan rex ciuitatē obtinuit et Caliphū cepit quē in turri thezauri illiⁱ
inextimabilis pcepit includi negato illi cibo et potu Cui

et ait Si hūc thezaurū nō auare auideqʒ fuasses tei pm ⁊ ciuitaté liberare poteras Nūc āt adiuuet te thezaur⁹ tu⁹ qué tā auide dilexisti q̄rta die fame perijt p ciuitaté balda chi fluuiꝰ mxīmꝰ tārsit p qué vsqʒ ad mare indicū qd distat a baldachie p dietas decé ⁊ octo nauigant p hunc fluuiū mercatores inumeri/ t̄minat̄ āt ad ciuitaté chifi In medi o baldachi atz cithi é citas basera q̄ circūdata est palmaꝝ nemorib⁹ vbi copia é maxima nobiliū dactiloꝝ

De ciuitate thaurisy ☙ Capitulū decimūseptimum

Thaurisiū é in illis p̄tib⁹ nobilissiā vbi fiūt negociacō nes inumere/ ibidé ecīā é bn̄dancia gēmaꝝ ⁊ oīm lapi dū p̄ciosoꝝ/ ibi fiūt pāni de auro et serico p maximi valoꝶ Ciuitas é in optio situ ꝓpter qd illuc ꝓfluūt negociatores optimi yndiʒ. s. de yndia ⁊ de baldacho de mosul ⁊ de cre mosar. de f̄ris ec̄ latinoꝝ et de regiōib⁹ īfiniū vbi m̄lti mar catores ditāt̄ ppl's maxiꝰ t̄rā incolit Sūt eciā ibi psi ciues thaurisī machomettū adorāt Ciuitas vallata é viridarijs pulcherrimis vbi fructus copiosi et pulcherrimi sunt

De miraculo tn̄slacionis cuiusdā mōtis ☙ Ca. xᵐ octa.

In ill' mōtib⁹ scʒ int̄ thaurisiū ⁊ baldachū mōs é qui oli de loco suo ad locū tn̄slatꝰ é vtute dina Nolebāt at serrazéi xp̄i ewāgeliū vanū ōdere eo q̄ dn̄s ait si habu eritis fidé sic gn̄ū synapis et dicens huic mōti tn̄si hinc ⁊ trā sibit et nichil ī possibile erit vob Dixerunt eni xp̄ianis qui sb̄ eoꝝ dn̄io in ill' p̄tib⁹ hitabāt ā q̄ in xp̄i noīe mōtem hūc tn̄sferrent aut oēs ad machomettū ꝓutimini aut oēs pibit̄ gladio Tūc quidā deuot⁹ vir ꝓfortās xp̄ianos ordēe fu sa fidelit ad dn̄s ihm̄ xpʒ mōte illū vidéte m̄ltitudīe pploꝝ tn̄stulit ad designatū locū ꝓpt̄ qd m̄lti ex sarraceis ad xpʒ ꝑuersi sūt

De regione p̄sarū ☙ Capitulū decimūnonum

Arsida maxima p̱uincia est q̄ olim nobilissima fuit nūc vero multū a tartaris dissipata In quadam vero ipsius regione ignis p̱ deo colitur Parsis p̱uincia octo regna continet Quorū primū dicitur Casyū. scōm turdistam. terciū locer. quartū cyelstam. quitū ystauiths. sextū zeirizi. septimū sontara. octauū qō est i finibus dicitur thymachaym vbi sūt equi magni pulchri et magni precij. Ascendit aūt vnius equi pcium ad valorem ducentarū librarū turonensiū ducūtur aūt a negociatoribus ad ciuitatem chysi et curmose q̄ sunt supra indicū mare Aūq̄ in yndiam deferunt azini similiter ibi pulcherrimi sūt et p̱pter iporum nimiā pulchritudinē dantur p̱ precio marcarū triginta argenti et vltra. pulchre ambulant et optime currūt In bijs aūt regionibus sunt homines pessimi rixosi p̱dones et homicide marcatores plurimi a p̱donibus occiduntur p̱pter qō ipōs oportet munitos et cū comitiua magna sociatos incedere legē aūt miserabilis machometti habēt In ciuitatib⁹ sūt artifices opti q auro et serico et ope p̱timo nobilissime opantur Ibi copia est bombacis tritici ordei et milij pauerici ois q̄ bladij vini ac oim fructuū

De ciuitate yassi   Capitulū vicesimū

Iassi est ciuitas grādis in eadē regione magnap̱ merciū ibi artifices i serico nobilissime opantur Ibi eciā adoratur machomettus Vltra yassi ad dietas septē vsus crerman non est habitacio Sūt ibi in campestribus nemora p̱ que equitari libere potest vbi venaciones multe sunt Ibi sūt onagri et cornices i multitudine magna et postea p̱uenitur Crerman.

De ciuitate crerman   Capitulū vicesimūp̱rimū

Kerman est ciuitas ybi thurcisci in habundancia reperiunt̄ in montibus ciuitatis Ibi eciā habent innumeri calibis et andāti copia. Ibi eciam sūt falcones nobilissimi volantes velocissime sup modū miōres sūt falconibus peregrinis In crermā sūt artifices q̄ opant̄ frena calcaria sellas spadas arc⁹ et pharetras et cetra armoȝ istrumenta et genera scōm p̄suetudinē patrie Mulieres eciā ciuitatis ope puluiario nobilissime opant̄ faciūt q̄ cultras pulcherrimas et ceruicalia magni valoris De crerman it p̄ planiciem p̄ dietas septē ybi est cōtrata domestica Sūt autē ibi ciuitates et castra Ibi inueniūtur p̄dices in magna copia. Post vij. dietas inuenit̄ descensus magnus ita q̄ p̄ dietas duas semp tendit̄ ad decliuū ybi arbores m̄lte sunt fructifere valde nō est tamen habitacio nisi pastoȝ et est ibi in yeme intollerabile frigus

De ciuitate camandu Capitulū vicesimūscōm.

Post hoc puenit̄ ad planiciem maximā ybi est ciuitas Camandu q̄ olim ciuitas magna fuit sed nūc a tartaris est destructa Regio āt dicit̄ rotbarle Ibi sūt dactili pistici et poma padysi in maxima copia multi q̄ fructus alij crescūt ibi qui apud nos nō habent Ibi sunt aues q̄ dicūtur francolini coloris p̄mixti albi.s.et nigri.rubei autem coloris habent pedes et rostra.boues sunt ibi maximi pilos albissimos et breues et planos habentes Cornua habent breuia et grossa acumine carent Super humeros habent gibbū vt cameli fortissimi sunt ꜩ onera magna portāt et cum onerari debent incuruant se vt cameli et cū onerati fuerint surgūt sicut docti sunt ab hominib⁹. Arietes sunt ibi grandes ꜩ azini qui habent caudā p̄maximā longam ꜩ latam et ponderis plurium libraȝ pingues et pulchri valde sunt et ad esum optimi In hac planicie multe sunt ciuitates et opida et habent muros luteos grossos valde et

b i

fortes quia in illa regione multi predones sunt qui dicunt̄ caroanas et habent regē/sūt autē incātatores et qn volunt pdari patriam dyabolica arte faciūt aerē obscurari de die in spacio magno adeo vt nullus eos videre possit tenentq̢ qñq̢ huiusmodi obscuritatē diebus septē et tūc predones illi egredientes ad campos qñq̢ numero decē milia ordi‑ nant se p longas acies vn pariter iuxta vnum in latitudine magna ita raro sit ibi aliquis ptransiens q̄ nō incidat i ma‑ nus eoȝ Capiūt aūt homines et vt iumenta vendūt iuue‑ nes et senes occidūt Ego marcus dū semel trāsirem inde incidi in illam obscuritatē sed quia vicinus erā castro qd̄ canosaliȝ dicitur cōfugi ad ipm plures tamen de meis soci‑ is iciderūt in illos quoȝ quidā venditi fuerūt alij vo occisi

De cāpestribus et famosa ciuitate karmos Capitulū vicesimūterciū

Planicies āt que sup⁹ dcā est versus meridiē ptenditur ad quinq̢ dietas demū puenit ad viā quādam q̄ est i decliuo p quā descenditur cōtinue p xv. miliaria et est via pessima et ppter predones via est piculosissima Post ħ puenitur ad campestria pulcherrima longitudinis dieta‑ rū dnarū et dicitur lac⁹ illa formosa vbi sunt fluuij et aque multe et palme ibi sunt in copia francolini papagalli aues‑ q̢/alie diuersarū spéȝ q̄ citra mare nō habentur Deinde venitur ad mare occeanū in cui⁹ litore est ciuitas Carmo sa Ad cuius portū cōueniūt negociatores indoȝ deferen‑ tes aromata et margaritas et lapides preciosas ȝ pannos aureos et sericos dctes clephantorū et alia preciosa Hec ciuitas regalis est habens sub se ciuitates alias et castra.

Regio hec calida est ȝ infirma Si mercator extrane⁹ mo‑ ritur ibi rex terre accipit sibi omnia bona eius vinū sit ibi de dattilis et alijs spēbus qd̄ optimū est Si qui tamen ex eo bibunt qui consueti ad ipm non fuerint pacient̄ fluxum ventris postmodū cōfert τ impinguari facit homines Incole loci pane tritici et carnibus non vtuntur quia nō possent viuere si cibis huiusmodi vescerentur sed cōmedunt pisses salices dactilia et sepas vt sani sint Multi aūt vtutur tutima Naues bnt piculosas p eo q clauis ferreis nō firmantur Cōfiguntur eni tabule ligneis clauis et cōsuūtur filis que fiunt a corticibus nucū de india conficiuntur eni coruces vt et folia corticū solidantur vt crines equorū fila aūt illa bene sustinent fortitudinē aque maris et multo tempore conseruant vnitū firmamentū ferri multo meliꝰ est Nauis vnicam habet arborē vnū velum vnicū themonē nec habet nisi vnā coopturā pice non liniūt naues illas sed solū oleo pisciū Postq̄ in naui cōposuerunt onera cooperiunt eam corijs super quo ponunt equos quos in yndiam deferūt multe de hijs nauibus pereunt quia ibi mare tempestuosū est valde et naues ferro non sunt firmate Incole regionis illius nigri sunt et machomettū adorant Estatis tempore ꝓpter intollerabilē estum in ciuitatibus non morantur Habent enim extra ciuitates opida et viridaria multa ac flumina et ad singula viridaria p aqueductas et cānalia aquas deducunt in illis viridarijs in estate habitant Sepe enim in regione cuiusdā deserti vbi non ē nisi sabulū pflat ventus validus vhementer qui homines occideret nisi fugerent quando enim senciunt primū motū ipsius statim currūt omnes ad aquas in quas ingressi tam diu in ipsis morantur in regione illa ꝓpter estum nimium blada sua in nouembri seminant et in marcio metunt quo eciam mense fructus omnes maturescūt post mensem marcij folia omnia et herbe arescunt adeo vt foliū omnino reperiri non possit In hac regione quādo moritur vir bn̄s vxorē vxor eius vsq̃ ad ānos quatuor semel i die singulis diebꝰ mortē ipꝰ viri deflet Coueniūt āt ad domū defūcti cōsanguinei et vicini fortiter qui clamant et in planctu suo de morte durissime cōgruntur

De media regione inṫ ciuitaté curmosa et crermam Capitulũ vicesimũqrtũ

Nunc de regionibꝰ alijs locuturus p̄mo reuertar ad crermam vt inde ꝓgrediar ad eas quas volo scribere regiones Alio āt libro hoc loco yndi describeṫ inde reditur de curmosa ad ciuitaté crermã p aliam viam inuenitur pulchra magna q̃ planicies vbi ē victualiũ copia Triticũ aūt habūdanter hṅt ƒ panis illius patrie nō potest cōmedi ab bijs qui nō sũt ad eũ p multa tp̄a assueti eo cp̄ ꝓpḗ aquas amaras amarus ē pdices ibi et dattili et frc̄us alij ī magna copia sũt Ibi sũt balnea calida optima que valent ad scabiem repellendã et ad multas alias egritudines.

De regione q̃ media est inter crermã et ciuitaté cobinã Capitulũ vicesimũquintũ

Euntes aūt de crermã versus cobinã inueniũt viam pessimã q̃ in longitudine vij. dietas h3 ī quibus aqua dn̄o haberi non p̄t nisi alicubi ī modica quātitate z illa salsa est et amara viridisq̃ coloris ita vt pocius succus herbe cp̄ aqua videaṫ ideoq̃ de ea nullus bibere potest Si quis baustũ de ea vnũ sumpserit statim ventris ꝓfluuiũ patiṫ et p bausto vno fere decem vicibus ꝓuocaretur ad fluxũ. Simile eciã accideret si quis modicũ quid salis ꝯmederet q̃d ex ea fit Idōq̃ op3 cp̄ viatores ꝓ potu acp̄ secũ deferãt iumenta vo acp̄ illã amarissimã iuitissime bibũt Cũ aūt p sui angustia illam bibere cogũtur similiter ventris fluxum paciũtur nulla in deserto illo habitacio hoīm inueniṫ nec eciã feraꝝ nisi solũ onagroꝝ ꝓpter cibi potus q̃ defectũ

De ciuitate cobina   Capitulũ vicesimũsextũ

Cobina est ciuitas grandͤ vbi copia ferri est. Ibi fiūt specula de calibe pulchra τ mgͥna valde/ibi fit tuchia qua medētur oculi similiter et espodiū ⸿Modus aūt faciēdi est talis dū inueniūt ponūt in qͩdā vena tre ad hͦ apta qͣ ponit̾ i fornace crathe ferrea coopta vapor eleuatus a terra succendat̾ cōglutinatus ad crathem est tuchia ⸿Materia vero grossior qͣ in igne remanet vocat̾ espodiū huiͬ incole sectant legem abbominabilis machometti.

De regno thymochaym et de arbore solis qͣ dicit̾ sicca Capitulū vicesimūseptimū

Post discessū de cobina inuenit̾ desertū bn̄s longitudinis dietas octo vbi est ariditas magna arboribͬ enī caret et fructibus aqͣ vo eiͬ amare sūt quas iumēta iuitissime bibūt Oportet igit̾ vt viatores aquā secū deferāt post hoc deuenit̾ ad regnū thymochaym vbi multe sunt ciuitates et castra τ est regio in vltimis finibus psidis vsus aquilonem ibi est planicies magna in qua est arbor solis qͤ wlgariter apud latinos dicitur arbor sicca Et est arbor magna et grossa valde habēs folia ex vno latere alba ex alio vero viridia fructus non pͦducit sed facit viteas vt castanea inter quos nullͬ fructus est lignū huiͬ arboris solidū est et forte et glanceri coloris vt buxus Ex vno huiͬ arboris latere vsqz ad decem miliaria nō est arbor Ex lateribus aūt alijs arbor̾ vndiqz nulla penitus arbor est vsqz ad centum miliaria Ibi fert̾ fuisse bellū int̾ alexādrū et dariū et tota terra habitabilis regni tymochaym fertilis et habundās est aeris qͤ gaudet temperie virosqz pulchros et feminas pulchras habet oēs tamē adorāt machomettū

De tyrāno qui vocabatur senex de montanis et assessiuis eius   Capitulū vicesimūoctauū
Alete est regio vbi dn̄abatur princeps quidam pes‐

b 3

simus qui dicebatur senex de montanis de quo ego marc⁹ q̃ a multis in regione illa audiui refero princeps ille cũ vniuerso populo cui p̃erat machometti sectator erat Excogitauit autẽ inauditam maliciã vt homines siccarios seu gladiatores audaces efficeret qui wlgo assessiui vocant̃ p̃pter quoꝛ audaciam quoscũqꝫ vellet occideret vt ab oĩbus timeretur In valle enim pulcherrima q̃ circũcluditur altissimis montibus maximũ ac pulcherrimũ viridariũ fecit vbi omniũ herbaꝛ floꝛ et fructuũ delectabiliũ erat copia. Ibi erant pallacia pulcherrima mira varietate depicta ⁊ decorata Ibi fluebant riuuli varij ⁊ diuersi aque vini mellis et lactis Ibi seruabantur mulieres iuuenes supra modũ decore q̃ docte erant saltare cytharizare et canere in oĩ genere musicoꝛ vestes varias ⁊ preciosas habebant miro qꝫ apparatu oꝛnate erãt Marũ erat officiũ iuuenes ibi positos i omnib⁹ delicijs ac voluptatibus enutrire Ibi erat vestiũ lectoꝛ victualiũ oĩmqꝫ desiderabilium copia de nulla re tristi ibi fiebat relacio ad nichil nisi iocis obscenitatibus delectabilius vacare licebat Erat autem ad introitũ viridarij castrũ fortissimũ quod diligentissime custodiebatur. Nam p̃ aliam viam ingressus ad locũ esse illum non poterat vel egressus tenebat autẽ senex ille sic enim in nr̃a lingua vocatur Eius nomen erat eleodym in suo pallacio extra locũ illum iuuenculos multos aptos videbat et fortes et eos faciebat in lege machometti nephan̄a infoꝛmari p̃mittit eñi infelicissimus machomettus sectatoꝛib⁹ sue legis q̃ in vita alia huiusmodi vt ẽ dictũ delectaciones hẽbũt Cum autem volebat ex iuuenibus aliquos facere audacissimos assessiuos faciebat eos pocionem dari qua sũpta confestim graui sopoꝛe deprimebantur tunc deferebantur in viridariũ et post hoꝛam modicam sopoꝛe soluto videntes se tãtis interesse delicijs putabant se paradysi gaudijs perfrui iuxta pꝛomissionẽ abbominabilis machomet ti post dies aliquos faciebat quod volebat ex ipis pocōe simili et inde educi cū excitabantur vehementissime trista bantur videntes se tanta consolacione priuatos Ille autē propheta qui se dei prophetam asserebat illis ꝙ si ꝓ eius obediencia morerentur statim reducentur illic ꝓpter qd ꝓ ipsius obediencia mori desiderabant tunc mandabat il lis ꝙ illum aut illum occiderent et ꝙ non metuerent mortis periculū ꝙ statim educerentur ad gloriā Illi autē oīno pe riculose exponentes gaudebant si ꝓ ipsius obediencia me rerentur occidi et sic qd mandabat pficere in occisione ho minū conabantur/hac arte longo delusione delusit tempe regionē illam Ob quā causam potentes et magni mortis periculū metuentes effecti sūt tributarij et subiecti

De morte eius et de destructione loci illius. Capitulū vicesimūnonū

Anno dñi M.CC.lxij Alan rex tartaroꝝ locū illū obsedit volens tantū piculū de suis ptibus remouere post anos cepit senē Woadyn cū omnibꝰ suis assessiuis τ locus ille fuit funditus dissipatus

De ciuitate sepurga et tminis eius Capitulū xxx.

Post discessum de loco pfato ineniſ regio pulchra col les bñs et planicies et pascua optima multosqʒ frcꝰ qτ in victualibꝰ oibus fertilis est nisi ꝙ alicubi p milaria l. aut xl. aqua inueniri nō pt ſʒ oportet ꝙ eā secū ducerent vi atores Equi autē vel iumenta alia multa ibi paciūſ potus penuria Ideoqʒ necesse ē festināter in illa ariditate tñsire aut ꝓ aialibus aquā deferre Longitudo vero regionis illi us ad dietas sex ē extra loca sterilitatis ab aqua regio ipa ciuitates mltas et opida habet omnes eñi machomettū a dorāt Post hoc aūt puenitur ad ciuitatē sepurgā vbi ē oim victualiū copia pepones habūdancie quos wlgo me

noles vocāt quos p fila seu p corrigias circūquaqʒ scindāt
aut sicut fit de cuburbitis quas cū desiccate fuerint ad pr
imas terras venales deferūt in copia maxima Acceptant
aūt valde in cibū a pp̃lo q̃ quasi mellis bn̄t dulcedinē In
illa regione venaciones multe sunt bestiarū et aviū

De castro tartā Capitulū xxxi.

Terminatis aūt duabus p̃fatis dietis inveniũ castrū
tartam vbi bladi copia magna est Regio aũt illa pul
chra est valde montes habet optimi salis et ad meridiē al
tos et maximos qui vt dicit̃ toti mūdo salem tribuerēt ha
bundāter Tāta est aũt illius duricies vt nō nisi cũ malleis
ferreis de ip̃o accipi quid possit. Post h iĩ p dietas tres
inter plagam aquilonē et orientalē et puenitur ad civitatē
scassem Inter i tñ in via repiūtur opida multa vbi est vini
bladi frumenti copia multa Incole machomettū adorāt
verū tñ vinū bibūt ⁊ maximi potatores sūt tota eñi die po
tacionibus vacāt bñt vinū coctū optimū homines autem
pessimi sūt ß optimi venatores et m̃ltas silvestres bestias
capiūt in capite nichil aliud deferūt nisi quilibet vir cordel
lam vnā longitudinis decem palmaꝝ capiti circūligatam
bestiarū quas capiũt pelles conficiunt et illo coreo vestiun
tur et calciant̃ nec vestes alias nec caligas bñt.

De civitate baldach Capitulū xxxij.

Pretereūtes inde inveniūt civitatem baldach que o‑
lim nobilis fuit et maxima multa habēs pallacia mar
morea nunc vero a tartaris est destructa In civitate serũt
alexandrū filiam regis darij accepisse vxorem Ibi adora
tur abbominabilis machomettus. Hic ex p̃te aquilonari
terminatur puincia psydis deinde inter plagam aquilo‑
narem itur p dietas duas et nulla hitacio repitur quia pp
ter latrones aut predones habitatores loci oportet ad mō

tana fugere ibi sunt aque multe et venaciones maxime bestiarū Ibi eciā sūt venaciones leonū Oportet aūt vt p dietas duas viatores victualia secū ferant.

De ciuitate scassem　Capitulū xxxiij.

Ciuitas scassem in planicie est et castra multa in montibus habet τ fluuius magnus transit p mediū ciuitatis In regione illa multi sues sūt spinose. Cū enim venatores illos cū canibus insequūtur congregati insimul sues in furorem magnū se agitant et spinas quas in dorso et in lateribus habent in canes et homines iaciunt multosq3 sepius wlnerant Gens ista ppriam linguā habet Pastores huius patrie in montibus morant vbi in cauernis sibi habitacula faciūt. Post hoc itur p alias tres dietas vsq3 ad puinciā balascie et ibi in triū dierū itinere nulla habitacio est neq3 cibus aut potus in via haberi potest idō potum et cibum secū deferant viatores

De puincia balascie　Capitulū xxxiiij.

Balascia est magna puincia q̄ habet ppriā linguam Reges habz ex vna psapia sibi iure hereditario succedentes. fertur aūt omnes ortū duxisse ex progenie alexādri Ibi adoratur machomettus In montibus huius puincie inueniunt lapides pciosi pulchri magniq3 decoris qui dicūtur balasci a nomine Si quis huiusmodi lapides sine regis licencia foderet aut exportaret aliquē extra regnum vitam similiter pderet et cōfiscarentur oia eius bona Oēs enim huiusmodi lapides regis sūt Rex aūt mittit qs wlt ad reges et principes p dono aut p solucione tributi Multos enim p auro et argento cōmutat. Tanta est ibi ipsorū lapidū copia q̄ si rex eos fodi libere et exportari pmitteret ita vilescerent q̄ nichil aut modicū lucrarentur. In hac puincia in monte alio inuenitur lasuli de quo fit

azurū melius qd̄ repitur in mūdo bētur in mineris sicut et
ferrū Equi sūt ibi multi τ veloces τ magni q̄ ita fortes du
ros et solidos pedes bn̄t vt nō op̃z sb̃ferrari Nadūt eni̇̄ τ
currūt p̃ mōtes et saxa nec ledūt pedes eorū Ibi eciā he
rodij et falcones optimi sūt qui apd̄ nos vocāt sagri et eciā
laynery τ venacōes bestiaꝝ et aniū ibi pulcherrime sunt
Hz eciā puicia balascie triticū optimū in copia valde mā
gna Ordeo bn̄dant silit̄ mili τ panici Olei caret ss de nucib̄⁹
et zozima oleū faciunt alioꝝ regnoꝝ et suoꝝ affiniū hoies
non metuūt Introitus eni̇̄ in montib⁹ in puincia arti τ ar
dui sūt qui ab hostib⁹ inuadi et trāsiri nequnt Citates coꝝ
et castra in mōtib⁹ fortissimi sūt Sagittarij sūt et optimi
venatores Corio vestiunt̄ Nā vestes lanee et lini brē nō
pn̄t et nimiū care sūt Mulieres nobiles illi⁹ regionis bra
chis lineis aut bōbacinis al' bōbicinis vtūt̄ vnaq̄q̃ in suis
femoralib⁹ bn̄t pāni brachia centū aut octoaginta aut qua
draginta Int̄ alios gloriosioꝝ reputat̄ q̄ a singulo infra se
brē ostenditur grossiciē ampliorem

De puincia bascie   Capitulū xxxv

Bascia est puincia distās p̃ dietas decē a puincia ba
lascie Regio valde calida ē hoiēs bz nigros astutos
et malos linguā bz ppriā et in aurib⁹ anulos aureos τ ar
genteos deferūt cū margaritis lapidib⁹ pciosis Carnib⁹
vescūt̄ et riso ydolatre āt sūt vacātes incātacōib⁹ demonū

De puincia chesimur   Capitulū xxxvi

Chesimur est puincia distans a baschia p̃ dietas sep
tem cui⁹ incole linguā bn̄t ppriā τ ydolatre sūt Ido
la consulūt et responsa ab ydolo dyabolica machinacione
recipiunt faciunt arte demonū aerem obscurari bruni eni
sunt id est nō pfecte nigri nā regio temperata est Carnib⁹
vescūtur et riso et tamen macilenti sunt valde. Ciuitates

ibi sunt multe et magna multa q̄ opida Regē habent qui
nulli tributarius est Neminē metuit q̄ deserta circūquaq̄
hn̄tes forciores sūt et yndiq̄ ad eos difficil'ē accessus In
hac puincia quidā q̄ in monasterijs vel cellis ydol' buiūt ci
bi τ pot⁹ magnā abit̄inenciā faciūt p suoȝ hōre deoȝ Et
multū cauent deos quos colūt offendere coȝ tn̄sgrediēdo
mandata nepharia aut huiusmodi heremitis a populo p
uincie magna reuerencia exhibetur

De puīcia nochā de mōtib⁹ altissis ⁋Capitulū xxxvij.
Si vellem vlteri⁹ recto tramite pgredi oportebit me
in yndiā pgredi sed in libro tercio de yndia pseq̄tur
Idcirco p viam aliā ibimus rurſ a cōfinio altero incboā
tes puincie balascie Post recessū vero de puincia balaſ
cie inter plagā orientalē et aquilonē it p dietas duas sup
crepidinē flumis ybi pest frater regis balascie inueniūt āt
castra et ville mlte Ibi viri locorū pbi sūt τ in armis strē
nui machomettū adorant. post dietas v̄o duas inueiſ pui
cia nochan que linguā ppriā hȝ et ſbiecta est regi balascie
eciā habetur lex pessima machometti Viri aūt loci illius
sūt strennui bellatores Ibi sunt venaciones maxime q̄ re
gio habet siluestres bestias inumeras Demū post recessū
a regione pdicta itur p dietas tres ad orientalem plagā sem
per ascendendo per montes donec ad montē maximum p
uenitur qui dicitur esse alcior mundi inter montes duos
est quedā pulcbra planicies ybi est fluuius pulcherrimus
sunt qȝ ibi peroptima pascua Si equus vel bos macbilē
tus vel quodcūq̄ aial' ibi imponatur ad pastū in diebus x.
pinguescit siluestria animalia ibi sunt multa Inueniūtur
eciā ibi boues siluestres maxima habētes cornua palmis
quatuor aut sex vel tribus de quibus scutelle et alia vasa
fiunt insuper et pastores sibi de cornibus concludunt do=
munculas Habet autem illa planicies in longitudine

dietas xij et vor pamer ẽ í pgressu vie debita e nulla q̃ ibi
bitacio e nec berba repit ibide Opz aut vt viatores in trã
situ facientes vt secu victualia ferant Ibi ecia nulla aialia
appnt ppter magnu frigus et altitudine nimia qr ibi victu
bre neqrent Ignis quq̃ ibi accenditur ppt frigiditate max
ima regionis neqz ita lucid⁹ e vt appz alibi neqz ita efficax
vt valeat ad coquedu Post B opz itinerates int plaga ori
entale p mõtes colles z valles xl. dietas icedere z ibi mlta
iueniũt fluia võ at regio illa bellor In via at illax xl. die
tax bitacio nl'la est neqz berba ecia aliq̃ ibi crescit Opz igi
tur vt traseuntes inde secu victualia deferat. In montib⁹
vero altissimis bitacões multe sũt hominũ ydolatror cru
deliũ et pessimoru qui viuũt de venacõib⁹ et corio vestiũt

De puincia cascar   Capitulũ xxxviij.

Post B pueit ad puincia cascar q̃ magno chaam tbu
taria e vbi sũt vinee pulchre valde et viridaria ml'ta z
possessiões fructifere Ibi e bõbicis copia hoies at illi⁹ re
giois ligua bñt ppa negociatores et artifices sũt ml'tũ dis
currit p negociacõib⁹ suis auari sũt z p nimia auaricia pce
viuũt bñt võ lege mirabil' machoetti Sũt nichilomin⁹ ibi
aliqui xpiani nestorini qui pprias bñt eccãs quinqz aute
dietis tota ptenditur regio.

De ciuitate samarchã et de miraculo colũpne fcõ in eccia
beati iohãnis baptiste.   Capitulũ xxxix.

Samarchã nobilis citas e mag̃ i regione illa q̃ tbutari
a est nepoti magni chaã viri simul bitãt xpiani et qui
machoetũ adorãt qui se sarracẽos vocat In hac citate tle
bijs tpib⁹ fcm̃ fuit xpi vtute miracl'z Quida fr magni kaã
qui dicebat cogatay qui huic perat iduct⁹ a xpianis z doc
t⁹ baptisma suscepit Tũc xpiani pncipis fauore bntes edi
ficauerũt vna basilica magna in vrbe samarcha in bore bti

iohānis baptiste. Tali aūt ingenio fuit ecclesia p̄ architec-
tos edificata et fabricata vt tota testudo basilice sup̄ colū-
nā marmoreā fabricareī z firmareī q̄ colūpna fuit i medio
ei9. Acceperūt āt qn̄ fiebat opus quedā sarracenoꝛ lapidē
de quo baptismū firmauerūt sb̄ colūpna p̄fata. Sarraceni
vo xp̄ianos oderāt de sublato eis lapide doluerūt sj cogatay p̄ncipē metuētes ausi cōtradicere nō fuerūt scm̄ ē āt vt
moꝛereī cui p̄nceps in regno suo successit sj nō in fide sarra
ceni aūt ipetrauerūt ab eo vt xp̄iani suū ei9 lapidē restitue
re cogerēī. Offerentib9 vo xp̄ianis sarracenis ip̄sis magnū p̄cium p̄ lapide renuerūt sarraceni p̄ciū volentes vt sb̄
lato lapide destrueret eccia carente colūpna. Cūqȝ ip̄sis
xp̄ianis nullū p̄ huiusmōi re esset remediū bt̄m̄ iohannē
baptistā lacrimosis p̄cib9 inuocare ceperūt. Igī adueniē
te die qn̄ lapis sub colūpna remouēdus fuerat ā sarracenis p̄ p̄ns ruina toci9 tecti eccia cadere sp̄abaī et nutu dīno
colūpna adeo a basi sb̄lata ē vt p̄ palmarū triū spaciū ab ea
sustentareī in aere et sic absqȝ hu̇i amīculi fulcimento vs
qȝ hodie perseuerat

De p̄uincia Carthan   Capitulū xl.

Rursus inde p̄gressi inuenim9 p̄uinciam Carthan q̄
quinqȝ dierū itinere p̄tendit in longū q̄ ecia legem te
nz machometti sb̄iecta est nepotis dn̄io magni kaā in h̄iis
ciuitates multas et opida   Principalis āt regni ciuitas
diciī cotim p̄tendit āt in longū p̄uincia p̄ dietas octo vbi
est bōbicis et oim victualiū copia. vinee multe et optime
Ibi sūt boiēs ibelles et ibecilles. artifices vo sūt et negoci
atoꝛes et hn̄t legē turpissimā machometti.

De p̄uincia coꝛam   Capitulū xli.

Prouincia vo coꝛā repiī post Carchan int plagam o
rientalē z aquilonarē q̄ sb̄iecta ē dn̄io magni kaā in ba

dens ciuitates multas et opida multa ⁊rincipalis aūt ci
uitas est cozā ptendit ꝓuincia in longū octo diet̄ vbi ē bō
bicis ⁊ oīm victualiū copia Vince multe et optime sūt ibi
boīes ibi inbecilles sūt artifices vero et negociatozes sunt
et habent legem turpis machometti

De ꝓuincia peyn Capitulū xlij.

Progredientibus insup eandē plagā occurrit ꝓuinci
a peyn longitudinē dierū bīns quinq̃ q̄ similiter subiecta ē magno kaam ⁊ machometū adozant multas habꝫ
ciuitates et castra nobilioz aūt ex ciuitatibꝰ dicitur peyn v
bi est fluuius i quo reperiūtur lapides preciosi. s. iaspides
et calcedonij boīes patrie negociatozes et artifices sūt bōbicis et victualiū bn̄t copia Est aūt in ꝓuincia talis cōsue
tudo vt si quisq̃ bn̄s vxozē ad ptes alias q̃cūqꝫ de causa se
transferat vltra dies xx. mozat post illius discessū vxori licitū est illo relicto viro altero nubere vir eciā qui decessit
potest licite aliā ducere iuxta errozē in ea patria cōsuetū.

De ꝓuincia carchia Capitulū xliij.

Post hoc puenit ad ꝓuinciā Carchia q̃ est sub dn̄io
magni kaam vbi multe sunt ciuitates ⁊ castra cuiꝰ pn̄
tipalis ciuitas dicit̄ Carchia. Ibi sunt flumina in quibꝰ
copiose habent̄ pciosi lapides iaspides Calcedonij mag
ni valozis q̃ a negociatoribꝰ deferūt ad ꝓuinciā Cathay
Hec ꝓuincia Carchia tota est sabulosa et aquas multas
habet amaras licet in multis locis aqua bona sit Similit
int̄ Cathay et peyn tra tota arenosa ac sterilis ē Cū exer
citus aliquē tn̄situ facit p ꝓuinciā Cyarchiā viri oēs regi
onis illius cū vxozibꝰ et filijs et aialibꝰ cūctis p dies duas
vel tres ad aliā se transferūt regionē vbi pascua repianꝑ et
aq̃ Ibiqꝫ residēt donec exercitus trāsierit vct̄ꝰ aūt ita coꝝ
vestigia in arena fcā obstruit q̃ supueniens exercitus viā

illorū inuestigare nequit. post discessū exercitus ad ꝓpa re
deūt si vo exercit⁹ quib⁹ sbiecti sūt tīi scant nō fugiūt hoīes
ṽ oīa aialia ad locū aliū trãsferūt qꝛ exercit⁹ tartaroꝛ p vic
tualib⁹ ꝗ ꝶcipiūt ab hijs quos tūscunt pciū dae nolūt Post
discessū de ꝓuicia Nyarchia iſ dicti. v. p zabulū ⁊ est aqua
pessiã et amara alicubi tñ ifra illū ī minū de bona aq̃ iueniſ
et sic pueiſ ad ciuitatē q̃ ōꝛ lop Dēs ãt ꝓuicie. s. cascar coꝶ
peyn carchia vsq̃ ad ciuitatē lop sb mgñi turchi tis ꝑtineſ

De ciuitate lop et deſto maximo   Capitulū xliiij
LOp est ciuitas magna ad introitū deserti magni q̃ō ē
inter plagã oꝛientalē et aquilonarē hoīes ciuitatis le
gē miserabilis machometti tenēt Iu hac ciuitate ꝓ mar
catoꝛib⁹ volentib⁹ trãsire desertū cūcta ꝑparãt necessaria
vbi marcatoꝛes pusq̃ iter arripiãt dieb⁹ plūmis ꝶquiescūt
vbi aƺinos foꝛtes et camelos victualib⁹ et marcacoīb⁹ one
rãt et sic iter arripiūt p desertū Qn aūt aƺinos et camelos
exonerauerūt victualib⁹ occidūt eos et in deſto dimittūt
qꝛ nō possent eis vsq̃ ad ēminū itineꝛ de victualibus ꝓui
dere et coꝛia secū poꝛtãt si volūt camelos tñ libēcius ſuunt
ꝗ ꝓui cibi sūt et onera magna poꝛtãt In deſto vo iueniūt
aquas amaras in locis ꞇbus et circiꞇ miliaria xxviij. aquã
dulcē inueniūt et tñ vt plūmū inter vnã et alterã vni⁹ diete
distanciã nō aūt p omnibus sufficit qñq̃ eni ꝓ quinq̃gin
ta qñq̃ vo centū sufficere p̃nt In xxx. aūt dieb⁹ ad deſti ē
minū pueniſ p latitudinē. lōgitudo vo ei⁹ a viris paꞇe ferſ
vt vix ab inicio eius vsq̃ ad finē eius in vno anno pueniri
posset Est autē desertū illud montuosū vt plūmū et plani
cies eius arenosa ē totū ãt vniuersaliter sterile ē et oīno aia
lia nſ la sūt ꝓpꞇ cibi defcm̃ Illusiones mſꞇe de die ⁊ nocte
videntur et audiūt ibi Opoꝛtet ergo vt diligenꞇ caueãt in
de transitū facientes ne diuertant a socijs et ne quis in via
sine socijs doꝛmiat quoniam si socium pꝛeterirent adeo vt

propter montes aut colles videri nequant difficile est remanentibus a socijs ad eos puenire qm voces demonu audiut ibi qui ipos vocat noibus ppzijs et effigiet socioz pcedenciu voces quos illos sequetes ducut ad deuia Et p huius cam illusionis multi in illo tñsitu perierut qz nescierunt ad socios puenire Aliqñ etia in aere sonitus inueniut seu audiut musicoru instrumetoz sed frequecius sonitus tympanoz et sic ille trasitus valde laboriosus ac periculosus est

De ciuitate sachio et de ritu paganoz et de pbustione corporu Capitulu xlv.

Ompleta vero via deserti pfati puenit ad ciuitatem sachion q est i introitu prouincie magne tanguth vbi sunt pauci xpiani nestorini. alij aut quida bitatores legem suat miserabilis machometti reliqui vo oes ydolatre sut Ydolatre aut qui ibi sut lingua habet ppria bitatores aut vzb huius oes negociacionibus intendut s solu de terre fructibus viuut In ciuitate sachion multa sut monasteria diuers ydolis dedicata quibus magna sacrificia fiut et maxia a populo eis reuerecia exhibet Qñ hoi nascit filius statim recomendat eu alicui ydolo ad cuius honoze anno ipo ariete i domo tenet Anno ipo copleto a natiuitate filij i festo ydoli ipius pmo qd post annu euenerit offert illi ydolo filiu et ariete cu reuerencia maxia Post hoc coquut carnes ipius arietis et ydolo offerut quas tadiu ante ipm dimittut donec inplete orones nephade quas añ scom cosuetudine sue ciuitatis effundut Rogat at pater supplicit ydolu vt filiu suu coseruare dignet Credut vero q interi ydolu ius carniu comedat et ossa reuerenter in decete vasculo pseruant Qñ quis moritur et hij ad quos mortuoru corpa ptinet p buri ea faciut in quoz pbustione sit offerendus Illi at interrogat de mese die et hora natiuitatis illius. Et illius hore constellacione cospecta iudicat quo die sit combureudus.

Aliqñ aūt corpus mortuū diebʒ septem ītineri faciūt qñʒ per mensem qñqʒ vero mēsibus sex Interi tū tali mō buatur in domo Capsā bñt ex asbibʒ valde grossis sic artificiose compositā q̄ nullus ex ea feto: exalare poterit q̄ eciam exteri⁹ pulchre depicta est Ibi cadauer collocāt aromatibʒ conditū et capsā cooperiunt pulchro pāno singulis vero diebʒ q̄ diu corpus seruat in domo hora prandij mensam iuxta capsā cū vino et delicatis cibarijs pparent q̄ q̄ diu sic p̄ata tenetur quousqʒ viuens hō p̄ādere possit Dicunt eni defūcti aiāʒ de hijs que ibi nomine sui sint apposita māducare Insup et p̄fati astrologi consulūt qua ex parte extra domū defuncti corpus efferendum sit Dicūt eni aliqñ banc vel illā portā bonis factis in sui cōstitucioē caruisse, ppter q̄ ā iudicant esse incongruā vt p cā mortuorum cadauera efferantur, ppter q̄ ip̄i mādant vt p aliam portam vl̄ per nouā parietis apturā ad cōburendum efferantur corpa mortuoʒ Cū autem ex ciuitatem vel opidū ad ꝓburendū effertur fiunt in via domūcule de lignis in locis plīmis pannis sericis et aurcis cooptē ad quas cū pueniunt cū mortuo corpore capsā ibi deponūt ān domūculam ⁊ ibi ān capsam effundunt vina et cibaria delicata in terra dicentes defunctū illum cū tali prandio in vita alia recepturum Dum aūt in via procedunt p̄cedunt capsā oiā īstrumenta musicoʒ ciuitatis: In quoʒ sonitu est iocunditas magna Dum vero ad ꝓbustionis locū pueniunt bñt i cartis de papiro incisas ymagines viroʒ ac mulieʒ equorum cameloʒ atqʒ denarioʒ mltoʒ que oiā simul cū cadauere cōburuntur Dicunt eni tot s̄uos et ancillas aiālia atqʒ denarios in vita alia habiturū quot fuerunt ymagines cū eo cōbuste et sic viuet ibi cum diuicijs et honore. hanc supersticionē seruāt vbiqʒ in cōbustione cadauerum humanoʒum in oriētis p̄tibʒ cecitas paganoʒum

De puincia camul et de pessīā ꝯsuetudiē ei⁹ Capl̄ʒ xlvi.

Camul vo vna est tra magna in puincia tāgutb q̄ é sb
iecta mag⁹ kaam vbi sūt ciuitates et opida mlta Est
aūt camul int duo deb̄ta scilz int magnū debtū pri⁹ dictū z
aliud qd in lōgitudiē cōtinet dietas tres Victualia in hac
puincia copiose bn̄tur tā p incolis q̄ pro viatoribz qui
buscūqz lz Domiēs illi⁹ regionis ppriū ydeoma bn̄t et sunt
iocūdissi Ad nichil eni aliud nisi ludis z solacijs vacare vi
dentur. ydolatre vero sunt et a suis ydolis ab antiquo sūt
demētati q̄ qn̄ viator quicūz inde ptrāsiens decliāt ad do-
mum cuiuscūqz camul et ille letāt eum suscipit et pcipit vx
ori totiqz familie vt q̄ diu ille apud eos esse voluerit ei i ō-
nibus sunt obedientes quo dc̄o discedit dn̄s dom⁹ nō reu
sur⁹ in domū suam donec ille hospes in domo ei⁹ manere
voluerit Vxor aūt viri illi⁹ miserabilis in oibz obedʼ vt vi
ro suo Mulieres aūt regionis illi⁹ decore sunt valde Vi
ri aūt eaꝝ om̄s a dijs suis sūt cecati hac demēcia vt sibi pro
honore et vtilitate reputēt vt ipe mulieres sunt a viatoribz
p̄stitute A pe aūt quo regnauit mongbu kaā magn⁹ vniū
salis oīm tartaroꝝ audita tāta demēcia viroꝝ Camul mā
dauit illis vt rem tā detestabilē ampli⁹ tolerare nō presu
merent: s poci⁹ vxoꝝ suaꝝ cōseruarent honorē pro viato
ribz de oibus hospicijs prouiderent ne puincie illi⁹ popu
lus tanta vlteri⁹ turpitudine fedaret̄ viri vero puincie:
Camul audito mādato regis cōtristati sunt vehementer
z electos nūcios ad eū cū denarijs tn̄smittunt instātissime
postularunt vt hoc tam g̃ue reuocaret edictū cum tradici-
onem hanc a suis baberent senioribz q̄ q̄ diu huiusmodi
benignitatē suis hospitibz exhiberent deoꝝ suoꝝum obti-
nerent graciam et terra coꝝ vberes sp pduceret fructus Rex aūt mongbu coꝝ acquiescens instacie mādatum
reuocauit dicens Quod a me pertinet vobis mandare cu
raui sed ex quo tam vitabile vitupabilez ob pbrium p ho
nore suscipitis bēto vobis vitupium quod optatis Run-

cij vero cū reuocatorijs lris redeuntes vniuerso populo q̄ tristis fuerat effectus leticiā obtulerunt Eam igitur ꝯsuetudinem detestabilem seruant vsq̔ in hodiernum diē

De ꝑuincia chynchynculas Capl'm xlvij.

Post ꝑuinciā camul iueniť prouincia q̄ ȯr chynchynculas que est affinis de b̄to ad aquilonarem plagā Habet aūt in longitudine dietas sedecim ɀ est s̄b dominio magni kaam Ibi sunt ciuitates multe ɀ castra Sunt eciā ibi xp̄iani nestorini et quidā adorātes machomettū Reliqu⁹ vo prouincie popul⁹ ydola venerant In hac ꝑuincia ē mōs ybi sunt minera calibis et amdauici et salamandre de qua pann⁹ fit qui si ꝑiciatur in ignem ꝯburi nō pt Fit aūt pānus de terra hoc mō sicut didici a quodā meo socio thurco viro valde prudente qui dicebatur turficar qui ex ꝯmissione magni kaam in illa ꝑuiucia pfuit opi minerarū Referebat eni q̄ in mōte illo quedā minera terre habebatur que fila quedā habet lane similia Ipa fila desiccantur ad solem et postea in mortario eneo conterunt et postea lauā tua aqua et a terre grossicie sepantur: Terra vo proicitur et fila de lana filantur de quib᷒ filis postea pāni fiunt Vij aūt panni albi ex textura nō assumūtur s̄ in ignem ꝑiciuntur et per horā vnā dimittuntur in flāma et tūc albescūt vt nix nec leduntur in igne. q̄d similit̄ fit qñcūq᷒ lauari debēt Nam alia locio ad remouēdum maculas non adhibetur eis Et de salamandra vero serpente nichil audiui in orientalibus partibus Id autem totū quod de salamandra didici scripsi fideliter Fertur q̄ rome fit quedam mappa de salamandra qua est sudarium dn̄i inuolutū quā misit summo pontifici quidā rex tartarorum

De prouincia succuyr Capl'm xlviij.

Qladam vo relicta puincia Chynchynculas ad ori
entem per dietas decē continuas nl̄la habitacio repir̄ nisi
in paucis locis quibz tn̄sactis inuenitur puicia succuyr ha
bens multas ciuitates et opida cui⁹ maior citas dicit' suc
cuyr In hac puincia sūt xp̄iani Relique vo puincie ydo
latre sunt et subdite magno kaam Negociatores vo non
sunt s̄ de terre fructibz viuunt In cunctis mōtibz hui⁹ p
uincie inueniť reubarbar̄ in maxima copia et inde p mica
tores ad cunctas mundi ptes portatur

De ciuitate campion Caplm̄ xlix.

Ampion est ciuitas pgrādis et nobilis q̄ est pn̄cipa
lior in regione tāguth vbi sunt xp̄iani quidā et alij te
nentes legē machometti Reliqui vo ciues ydolatre sunt
Multa sunt in hac ciuitate monasteria i quibz mltitudo
colitur ydolor quorū quedam lapidea q̄dam lignea q̄dā
lutea seu fictilia sunt aut desup deaurata oia̅ Quedā aūt
ex ip̄is sunt passuum decē que iacere videntur circa q̄ pua
ydola poita̅ sunt q̄ videntur eis reuerēcia̅ exhibere Sūt e
ciam r̄ligiosi quidā ydolatre q ceteris ydolatris honesti⁹
viuūt quor̄ quidā castitatē buant mltūqz cauent ne deor̄
suor̄ legem pretereant totū anni circulū p̄ lunāciones ꝯpu
tant nec alios menses vel ebdōs hn̄t In quibusdā lunācio
nibus obseruant dies quinqz ꝯtinuos in quibz aue aut bes
tiam non occidūt nec carnes cōmedunt illis quiz diebz oc
cisas Viuunt eciā ill' quinqz diebz honesti⁹ q̄ ceteris die
bus ān̄i In hac citate quilibz ydolatra hr̄e vxores pt xxx
vel plures si hoc ei⁹ sb̄stācia paciatur Prima tn̄ vxor dig
nior et mag̕ legit̄tia ꝯputatur Non recip̕ vir ab vxore do
tem sed ei in animalibz p̄ seruis aut pecuniā iuxta statum
et possibilitatem vel ip̄i⁹ ꝯgruenciam vir assignat Si vx
or viro efficitur odiosa licitum ē viro eam dimittere iuxta
sue voluntatis bn̄placitum Consāguineos q̄dns scd̄i vx

ores viri accipiunt Similit' et nouarcas.Multa que apud
nos grauia peccā sunt ipi licita reputant quo ad multa bes
tialiter eni viuunt. Pat' meus dn̄s nycola⁹ et frater ei⁹ τ e
go marc⁹ anno vno p aliquib3 negocijs morauim⁹ in hac
ciuitate campion

De ciuitate ecima et de alio debto magno Cap'lm l.

Vlterius pcedendo a ciuitate campion itur p dietas
xij. postea ineui? ciuitas que dicitur ecima que eciā
confinis est arenoso debto vsus aquilonē vbi sūt cameli m̄l
ti et aliax specie x aiālium m̄lta animalia: Ibi sunt hero
dij siue falcones laynerij optimi et sagri eciā in copia max
ima Homines de ecima ydolatre sunt negociationib3 nō
intendunt s3 de fructib3 terre viuūt In hac citate sibi vic
tualia pparant viatores et m̄catores pro xl. dieb3 si volūt
ire p debtum qd ibi est ad aquilonē per qd trāsit xl. dieb3
Nulla eni est ibi habitaco nisi i montib3 τ in aliquib3 val
libus eius. vbi habitant homines aliqui in estate In deb
to illo herba raro inuenitur In quibusdā tn̄ locis fere sil
uestres m̄lte sunt Specialit' aūt onagri ibi ineniūtur mul
titudine maxima Sūt eciā in illo deserto pinus m̄lte Om
nes aūt supradicte prouicie τ citates.scz ciuitas sachion p
uincia. camul puincia. chyncbynculas prouicia. succuyr
ciuitas campion et citas ecima ptinent ad magnā puinci
am tanguth

De ciuitate Carocoran et de pm̄⁰ dn̄ij tartarox Cap li.

Terminata via pnoiāti debti puenit ad ciuntate caro
coran que ē ad aquilonē plagā vbi dominiū tartarox
habuit originē Vitabāt eni prius in cāpestrib3 magnis re
gioīs illi⁹ vbi n̄ erāt ciuitates nec opida s3 pascua sola τ flu
mina m̄lta nec habebāt de gēte ipor s3 tributarij erāt mg
ni regi qui ō2 onchan quē latini psbiter iobānem vocāt de
quo totus loquit orbis Postq aūt creuit ppl's tartarox

et augmentatus nimis timuit ille rex ne ab illa mltitudine
offendi posset si forte vellet esse rebelles Cogitauit igitur
eos in ptes diuidere z ad diuisas regiones deferre vt ex h
eoz potēcia minoz esset : Ipi aūt nolentes ab iuice separi
omnes simul tñsierunt desertū ad aquilonarē plagā z pue
nerunt ad locū vbi pnoiatum regem timere non potuerūt
cui postea tributū reddere noluerūt

De pº rege tartaroz et discordia cū rege suo Caplm lij.
Post anos paucos de coi consensu vir quedā de suis
probū z sapientē qui dicebatur chyntbyn regē supra
se pstituerūt Qd factū est anno dñi .mº. cº. lxxxvij. pº ei9
aūt coronacionē cuncti tartari q in regionibz alijs dispsi e=
rant venientes ad eū ei9 dominio libenti animo sbdiuerūt
Ipe aūt sbditū sibi populū prudentissie gubernauit Bre
ui vo tpe prouicias octo cepit Cū autem per violenciam
ciuitatem cepit aut castrū neminem post victoriā spoliari
pmisit si impio e9 sbiugare se sponte volebant secūqz pgre
di ad alias ciuitates capiendas ppter qd miro modo ab o
nibus amabatur Vides aūt se ad tantā gloriā sblimatum
nūcios ad regem quēdam suū direxit petens ei9 filiā in vx
orem Fuit aūt hoc anno dñi mº. ccº. l Ille aūt hoc sup mo
dum indigne tulit dureqz rñdit dixit eni qd filiam suā poci
us in ignē piceret qm in vxorē eā traderet seruo suo Nun
cios aūt chynchys a conspectu suo turpiter eiecit dicēs di
cite dño vestro qd qz ad tantā sup̄biā eleuari se psumpsit vt
filiam dñi sui in vxorē peteret eū amara morte faciā iterire

De pflictu tartaroz cū rge illo z victoria ipoz Caplz liij.
Ole cū audisset chynch9 irat9 est valde et cōgregato
exercitu magno prexit ad trā regis Onchan q psbiter io
hānes dr et castrametat9 est in planicie maxia que dicitur
cāduth misitqz ad regem vt defenderz se Q̄ui cū exercitu
magno descendit ad cāpestria ad miliaria xx iuxta exerci

tū tartaroꝛum Tūc chynchus tartaroꝛ rex p̄cepit īcātatoribȝ et astrologꝭ suis q̄lem euētū futuꝛ bellū habiturum erat p̄oicerent Tūc astrologi in p̄tes duas p̃ longū scindentes arūdinem diuisiones ipas in t̄ra posuerūt vnā necauerunt chyntis et alterā Oncban dixerūtq̄ regi nob̄ legentibȝ inuocationibȝ deoꝝ nutu ipoꝝ d̄ue p̄tes arundis pugnabunt ad iuicē Ille aūt rex victoriā obtineb' in p̄lio c⁹ p̄s sup alterius p̄te ascendet Multitudine v̄o ad spectaculū p̄currentē dū astrologi in libro suaꝝ īcātacionū legerent p̄tes arūdinis sūt p̄mote et vna alia insurgere videbatur Eadem ꝗ p̄s chyntis ascendit sup p̄tem onchā Quo viso tartari de futura certificati victoria confortati sūt valde Tercia igitur die cōmissum ē p̄liū et m̄lti de vtriusȝ regis exercitu pierunt chyncis tn̄ victoꝛ extitit ⁊ onchan rex occisus fuit Tartari aūt regnū eiꝰ tōliter subiugat Regn̄uit v̄o chynchis post mortē onchan annis sex In quibus m̄ltas prouicias acquisiuit Pꝰ ānos sex dū p̄ suos qd̄ā castꝝ expugnaret Ipeꝛ bellās appīqret ad castꝝ sagitta in genu p̄cussꝰ est ex quo vulnere post dies paucos mortuus est sepultus qz ē in mōte magno alchay vnde deīde sepeliuntur oīs reges magni regni tartaroꝛ ⁊ qui de progenie sunt Si magnꝰ kaam moꝛeret ī loco qui p̄ dietas cētum distaret a mōte alchay corpus eiꝰ ad mōtem ipm̄ deferretur sepeliendum

De cathalogo regum tartaroꝛ qn̄ illoꝛū corp̃a sepeliunt Cap̃l'm quinquagesimumquartū

Prim⁹ igit tartaroꝛ rex fuit chynsis. Scōs enȳ. 3⁹ bacny. quartꝰ esu. quit⁹ mōghu. sext⁹ gublay qui in agro regnat Cui⁹ potēcia ē maior oīm p̄noiatoꝛ quiqȝ p̄decessoꝛ eiꝰ Mai⁹ ē ipiꝰ dn̄iū soli q̄ sunt semel in vnū cuncta regna et dominia xp̄ianoꝛ et sarracenoꝛum sic' i hoc libro suo loco manifeste patebit Quando vero magni kaā corpus tumulandum defertur ad mōtem kwij qui cum eo ad

sepulchꝛ comitatur homines cuctos quos in via obuios
bnt gladio pimut dicentes Ite dno nro regi in alia vita ꝓ
uite Tanta eni insania circuuenti sunt vt credat occisos te
occasione pdca in alia vita ei⁹ obsequio mācipandos
Similit equos ōins obuios necnō et defucti regis equos
electos occidunt vt ipe in vita alia viuos recipiat: Qn at
corpus mongbukaa delatu fuit ad monte milites qui de-
ducebant corpus occasioe pdicta vltra xx. milia hominu
occiderut

De generalib⁹ cōsuetudinibz tartaroꝝ Caplm lv.
Artari coir nutriut greges boum iumentoꝝ et ouiu
ꝓpter quod cu gregibz moꝛat in pascuis estate i mōtibus habitant et in locis frigidis vbi pascua et ligna sunt
hyeme vo ad calidas se tnsferunt regiones vbi inuenire pos
sut pro aialibz pabulu Domuculas ad modu tabnaculo-
rum bnt filtro optime clausas quas secu deferr vbicuqz se
diuertunt que sic sut artificiose cōposite vt de facili plicari
et extendi lenari et deponi et portari valeat quoꝝ ostia ad
meridiem situant qn domuculas erigut qb ꝛigas insup ha
bent que a camelis trahut filtro sic artificiose cooptas vt
si cotidie sup eos pluat nichil valeat sb eas madidari Super eas aut vxores et filios et vtensilia nccaria deferat mu
lieres tartaroꝝ viris suis fidelissime sunt Apud eos obs-
uandu est valde vt vir quispia ad sui primi vxorem psuat
diligentissime cauent ne in hac re sibi iuicem iniuria faciat
vel inferat. quilibet aut iuxta eoꝝ cōsuetudine habere pt
vxores tot numero quot nutrire valeat pria tame vxoꝛ pn
cipalioꝛ et nobilioꝛ reputat ceteris preter sorores ōīns cō-
sanguineas in tnsuersalibz lineis vxores accipiunt mortu
tuo patre fili⁹ nouerca suam accipe potest fratre ecia mor
tuo cognatam accipit alter frat Nupcias solepnes faciut
quando traducunt vxores. viri ab vxoribz non accipiunt

dotem sed econtrario ipi eis et eaq̃ matribʒ dotem aptãt
ꝓpter vxoꝛum multitudinẽ hñt inumeros filios Tartaro
rum vxoꝛes in expens̃ parum sũt onerose maritis eo q̃ de
suis laboꝛibʒ multa lucrantur Ad familie v̊ guḇnacionẽ
ꝓuide et ad ciboꝝ ꝑparacionẽ sollicite sũt reliqua aũt do
mus officia studiose ꝑficiũt Emũt vendunt optiẽ quecũ
emenda sunt Viri earum curã domꝰ eis relinquẽtes vena
cioni aucupijs atq̃ armoꝝ belloꝝq̃ ex̃citio sunt itenti

De armis et vestibʒ eoꝛũ Capl'm lvj.

Arma quibʒ tartari induunt̃ de forti et solido coꝛio
cocto sunt siue bubuloꝝ aut alioꝛũ aĩalium bñciũ co
rium solidum Clauas et gladios deferũt .ꝑcipue aũt vtũ
tur arcubʒ et sagittis Sunt enim sagittarij opti ab infaci
a docti siue periti et aureis vestibʒ induuntur deferũtq̃ sb
vestibʒ superioꝛibʒ pelles delicatas vulpiũ varoꝝ aut eci
am armelinoꝝ vtuntur eciã pellibʒ animaliũ que cebeline
dicuntur que delicate nimiũ sunt aut ꝑciose

De cibis cõibus tartaroꝛum Capl'm lvij.

Omnia cibaria tartaroꝝ sunt carnes τ lac Carnes a
nimaliũ mundoꝛum et imundoꝝ Nam equos et ca
nes edunt Similiter et reptilia q̃dam que vulgo dicũtur
ratti pharaonis qui in planiciebʒ eꝰ inueniũt in copia mx̃
ima Bibunt eciam lac equoꝝ quod taliter pararenouert
vt vinum albũ esse videatur quod eciã valde sapidũ est vo
catur in eoꝛum lingua chemius

De ydolatria et erroꝛibʒ eoꝛum Capitulũ lviij.

Tartari ꝓ deo colunt vnũ qui võtur Nacygoy quẽ
dominum ẽe putant qui curã gerat ipoꝝ fructuum
terre filioꝝ ac gregem ipoꝛum hũc falsũ dominũ maxime
tartarus in ꝑpria domo illiꝰ dei ydolum habet de filtro l

panno alio Ipm̄ āt ydolū ī loco honorabili collocāt Credunt āt ipm̄ habere vxorē et filiū quibz ydola similit' de filtro faciūt ydolū vxoris nacij gay a sinistris ponūt filiū vero ydoli corā ip̄o Nec ydola multū venerātur qn̄ ad prandium vel ad cenā vadāt p̄us cū pinguedine carnis cocte p ungunt ora deor̄ ptem autē brodij vel aquā in qua cocte sunt carnes aliquid ip̄i9 ex̄ domū eciā effundūt vt dij p̄dicti recipiant ptem suā quo facto ad mensā accedūt Si ali9 tartari moritur sf̄ilius qui vxorē nō habuit et alteri9 filia iuuencula que vix nō habuit moriatur pater defūcti pueri puellā defūcta accipit vxorē defūcto filio. pater ip̄i9 puelle consēsum p̄bente de hoc aūt cōscribi faciunt istrumentum faciūt et depinguut in carta puer̄ et puellā vestes denarios τ vtensilia mlta τ suppellectilē variā deinde instrumentū et picturas cōburūt credūtqz dyabolica cecitate seductiq̄ defuncti illi in vita alia ad inuicem cōtrabāt qn̄ fumus cōbustarū cartar̄ ascendit in aera Et pro hac re faciunt solēpnes nupcias de quibz p̄tes huc illucqz diffundunt vt spousns τ sponsa portionē suā illar̄ cōmedant nupciarū Et ex tunc vo parentes et cōsanguinei defūctor̄ sic se reputant affines effectos ac si mathematice ille nupcie in veritate celebrate fuissent

De strēnuitate et industriā et fortitudiē tartaror̄um Cap quinquagesimū nonū

Sūnt tartari in armis strennui valde et in bell' victoriosi non eni sunt hoīes delicati sed laboriosi valde qn̄ p̄pter bella vel aliquā nccitatem expedit pro exercitu ad incōmoda tolleranda ceteris homibz mūdi p̄mptiores et fortiores sunt per mensē integrū si opus fuerit nil aliud comedunt nisi iumentor̄um lac et carnes aīalium quas in venacione capiunt Equi eor̄um similiter herba simplici cōtentant̄ quā in pascuis bn̄t Nec expedit in cau tali vt eis blada siue pabula alia pparent. Tota nocte qñz tartari armati sunt, super equos resident et equi eoz nichilomi9 pascuntur vbi inuenta fuerit herba. hoies laboriosissi sūt et cōtenti modico et optiē sciunt fortalicia et citates capere: qñ eos occasione bellox oporteb' magnas vias facere nichil secū portant de suis reb3 pter arma et deferūt tabnaculū p unum sub quo latitāt qñ pluit. Quilibet eni secū duos flascones de corio portat, in quib3 deferūt lac qd potant vel bibunt vnaq3 ollā puulam p coquēdis carnib3 quā vulgariter dicimus pinguatella. Si qñq3 eciā opus fuerit ad locū remotū aliquē celeri? puenire per dece dies ab oi cibo coc to abstinebūt si ppt cibi decoctionē retardari cōtingat it eox. habent lac secum ad modū solidē paste qd in aquam mittunt in vasculo et tā diu cū baculo miscent donec liques cat quod postea bibūt. Sepe eciā pro vino siue p defectu vini vel aque equos sleubotomant pprios et ipox sanguinem bibūt.

De ordine exercit9 et sagacitate bellādi Caplm lx.

Ordo aūt exercit9 et mod9 pliandi talis est. Qñ dux aliquis pficis' exercitui cc milia militum eleg' q3 vult pmilitones siue qui scz mille equitib3 psint centuriones et deciuones sic eni vniūsus exercit9 eox ordinat p mille cētum τ dece. Silit dece milib3 pest vn9. Dij psecti exercit9 consiliarij sunt ei9 qui dece milib3 pest. Centuriones autē consiliarij sunt t bui. Decuriones vo cōsiliarij sūt ceturionis. Ita duntaxat vt nullus prepositus consiliarios habeat vltra decem. et hūc modum tenent in magno τ puo. Qñ vero vn9 qui centum milib3 pest vt mille de suis eligat. Ille vero mandat tribuno vt eligat centum qui ex quolibet centenario eligat decē: Quilibet vo decurio dat vnū et h mō mille et decem milib3 eligūtur. Hoc autem tāto serua

tur ordine vt per eqles vices mutantur singuli scitqz vnus-
quisqz q̄ vice ad hoc eligēdꝰ sit. Quilibz aūt dum eligitur
statim obedᵗ Nō eni in vniuerso orbe reperiūtur hoīes
tante obediencie ad dn̄os suos sicut sunt tartari. Dū de lo
co ad locū ꝑcedit exercitꝰ sp a quatuor lateribz ei' ducēti
vel ampliꝰ custodes sunt i distācia cōgrua ne occurrere pos
sunt hostibz iꝑouisi. Qn̄ aūt in cāpo cū hostibz ꝑeliātur
sepe fugā arte simulant pꝰ se nichilomiꝰ sagittātes donec
insequentes illuc quo volunt sic deducāt tunc se vnanimiť
v̄tētes ad hostes q̄ ipsis sepissime victoriā obtin̄z Se pe'e
nim eoꝝ ex ℞ hostes cōfusioni patent dū vicisse se putant
Equi aūt eoꝝ sic assueti sunt vt ad volūtatē sessoꝝ facilliē
huc illucqz vertantur

De iusticia ipōrum Capl'm lxi.

De malefactoribz aūt faciūt ℞ mō iusticiā Si quis fu
ratus fuerit rē qui valoris seu ꝑcij ꝓpter quā nō me
retur occidi septē vicibz fuste ceditur aut decē et septē aut
xxvij. aut xxxvij. xlvij b̄m mensurā pcci est ꝑcussionū nume
rus fiendꝰ vsqz ad centū sp addendo decē Aliqui tn̄ ex hꝰ
modi ꝑcussionibz moriūtur Si quis v̄o equū furatur. vel
rem aliquam aliā ꝓ qua mereatur occidi ꝑ transuersū mu
cronem ceditur in vētre et occiditur: Si aūt fur ꝑt et vult
vltra valorem furti nonies soluere liberatur a morte Qui
equos et boues et camelos b̄nt signa sua illis pilos ipm̄ut
et sine custode emittunt tunc ad pascua Cū aūt redeūt si
ter sua reperit quis alteriꝰ aiālis dn̄m illiꝰ studz inquirere
vt recipiat cōfestim qd suū est minutis v̄o animalibz pasto
rum cura deputatur b̄nt enim huiusmoi aiālia suꝑ modū
pulcherrima Hee sūt igitur omnes consuetudines tarta
roꝝ Sed quia mōi inter diuersos populos sunt ꝯmixti
multas de suis ꝯsuetudinibz dimittentes in ꝓuincijs plu
rimis alioꝝ moribz se ꝯformant:

De cāpestribz bargi et extremis insulis Capl'm lxij.

Recitatis in pte moribz tartaroz nc̃ ad describendū regiones aliqs accedam⁹ post discessū a ciuitate Carocoza et a mõte alchay pceditur p aquilonarē plagā p cāpestria bargy q̃ bn̄t in lōgitudine dietas xl. incole loci vocantur metrich qui s̄biecti sūt magno kaam et bn̄t tartarorum mores sunt aūt siluestres hoīes carnibz vescunt aiālium que in venacione capiūt et specialiſ ceruoz de quibus copiā bn̄t quos eciā domesticāt et scōs domesticos equitant blado carent et vino In estate venacoēs magnā bn̄t auiū et siluestriū aiālium. byeme vō animalia cuncta et volatilia inde discedūt ppter frig⁹ maximū regiois illi⁹. P⁹ ẽminum illaz xl. dietaz puenitur ad mare occeanū iuxta qd sunt mōtes i quibz herodij seu falcones pegrine nidos bn̄t qui inde ad magni kaam curiā deferunt In montibz illis mille alie reperiuntur aues nisi herodij predc̃i et auium spēs altera dicuntur barchelach quibz pascūtur herodij Aues ille sunt gn̄des vt pdices et bn̄t pedes papegalli caudā vt rodij sunt veloces magniqz volat⁹: In insul' aūt maris illius cirfalchi nascūtur in maxiā m̃ltitudine qui ad magnū kaam deferūtur Cirfalchi aūt qui de xp̄ianozum t̄ris deferuntur ad tartareos non portātur ad magnū kaā qz eis supra modū abūdat ſ deferūtur ad tartareos alios qui armenis et cumanis sunt affines In ill' insulis que tātum ad aquilonē sunt poite Et polus artic⁹ stella. que sc̃z vulgariter dz tromātana est eis ad plagā meridionalē

De regno ergimul et de ciuitate singuy Capl'm lxiij.

Portet hinc nos redire item ad ciuitatē campion de qua superius mēcio facta ē vt alias cōfines ei⁹ prouicias describerem⁹ Post s̃cessus a ciuitate cāpion vers⁹ oriētem itur per dietas quiqz et in illa via de nocte in locis plīmis voces demonū audiuntur Post dietas vo quiqz iue-

nitur regnum erginiul qd est in puincia magˉ tanguth qd
regnum magno kaam sbiectuˉ est Ibi sunt xpiani nestorini ydolatre et alij sectatores legis machometti Multe ciuitates et castra mlˉta sunt ibi vˉsus syrochuˉ inter orientalē
et meridionalē plagā itur ad puinciā talchay prius tñ inuenitur ciuitas singuy magno kaam tributaria vbi silitˉ suˉt
xpiani nestorini ydolatre et alij sectatores legˉ machomet
ti Ibi sunt boues siluestres pulcherrimi grādes velut ele
phantes pilos hñt p corpus yndiqʒ albos preter dorsuˉ et i
bi .s. in dorso nigros bñt pylos longitudinis palmoꝶ triuˉ
Multiqʒ ex bobʒ istis domestici suˉt et domiti et ad defe-
rendum maxiā onera assueti: Alij auˉt alligantˉ ad aratra
qui pre mirabili fortitudine mlˉtum opis in aratura fˉre in
breui pficiunt tpe: In hac pte muscatuˉ habetur meli⁹ qd
est in muˉdo quod ab aiāli quodā habetur Est eni tale ani
mal quoddā pulchrˉ valde magnitudinem bñs gatte Pi
los grossos vt ceruus et pedes vt gatta Dentes auˉt qua
tuor scʒ duos superius et duos iferi⁹ longitudinis triuˉ di-
gitorum Hoc animal iuxta vmbilicum inˉ carnem et cutē
vesicam habet sanguine plenā Et ille sanguis est muscatuˉ
de quo tantus odor exalat et de hijs est ibi mlˉtitudo max
ima Incole regionis illi⁹ ydolatre sunt et libidinosi secta
tores legis machometti et nigros pilos habētes Viri im
belles suˉt sʒ pilos solum bñt circa labia et nasuˉ habent puuˉ
et nigros capillos bñtes: Mulieres pulchre sunt et albe
valde Viri vxores querˉt pulchras magis qˉ nobiles Nā
nobilis et magn⁹ vir vxorē accipit paupere si pulchra est ꝫ
mater illi dotē dat Negociatores mlˉti et artifices ibi mlˉ-
ti sunt Habet auˉt puincia in lōgitudine dietas xxv. et est
fertilis valde . ibi suˉt fagiani in duplo maiores qˉ in ytalia
et bñt caudas lōgitudinis decē vl' nouē palmoꝶ .aut octo
siue nouem siue septem ad minus Et ciā fassiones qui i mgˉ
nitudine nostris sunt similes Multas alias aues bñt pul

cherrimas diuersaȝ spéȝ pennas hntes pulchras diuerſ
et pulcherrimis coloribȝ variatas

De puincia egrigaya Caplm lxiiij.

Deinde ptñsactis octo dietis vltra puinciã ergymul
ad orientem occurrit prouincia egrigaya In q̃ sunt
ciuitates mlte et opida Est ciuitas de puincia magna tã
guth c⁹ pncipalior ciuitas est colatia Incole ydolatre sũt
pter aliquos xpianos nestorinos qui tres ibi basilicas ha
bent Sunt aũt ſbiecte magno kaam: In citate colacia fi
unt panni qui dicunt zambelotti de lana alba et pulchrio
res cameloȝ pil pulchriores qui fiunt i mundo qui ad pro
uincias alias per negociatores deferũtur.

**De prouincia tenduch et og et magog et cyagomoȝ Ca-
pitulum sexagesimũ quintũ:**

Rursũ relicta puincia egrigaya puenitur ad orienta
lem plagã ad puinciam tenduch vbi sũt ciuitates et
mlta castra vbi manere psueuerat rex ille magn⁹ i orbe no
minatissim⁹ qui dicebatur a latinis pſbiter iohãnes: Est
aũt puicia illa magna kaã tributaria Est tñ ibi rex vn⁹ de
pgenie illi⁹ regis qui adhuc presbit iohãnes dr̃ cui nome
est georgi⁹ Des magni kaam p⁹ morte illi⁹ reg̃ qui a chyn
chys in plio occisus fuit filias suas ill regibȝ tradidert vx
ores Et lȝ quidã sint ibi ydolatre et aliqui q̃ viuãt iuxta le
gem miserabil machometti maior tñ ps populi puincie fi
dem xpianã tenet et bij xpiani in tota patria dicũt et doi
natur inter eos tñ gẽs quedã é q̃ habet hoies pulchriores
et in negociationib⁹ sagaciores que i tota puincia alibi va
leant repiri In illis ptibus sunt regiones que dñr gog et
magog Gog in lingua sua noinant vng magog vo mũgul
In hijs locis seu partibȝ sunt regiones in quibus reperit
lapis lasuli ex quo fit asuxium peroptimũ In hac puicia

sunt panni de auro et serico diuersaꝝ manerierū pulcherrimi valde Est ibi ciuitas vbi fiunt arma pulcherriā ⁊ optima oīm generū pro exercitibꝫ nccāria: Jn huiꝰ ꝓuincie montibꝫ sunt magne argēti minere Jbi eciā sunt venaciones magne ꝓpter mltitudinē siluestriū siluarū vōtur āt regio mōcium edidisti Alltra vo hāc ciuitatē ad dietas tres inuenitur ciuitas cyangomor. in qua ē palaciū maximū Jn quo magnus kaam bitat qñ ad illā ciuitatē accedit Sepe eni illuc vadit qꝛ iuxta citatem lacune sūt . in quibꝫ cigni et grues fasiani et pdices sunt aues qꝫ copiose habentur Jpse aūt rex cū gyrfalchis et herodijs seu falconibꝫ suis i captura auium delectabiliē recreatur Sūt ibi grues manieꝛ quinqꝫ Ꝓriā maneries gruis bꝫ alas magnas totalitꝛ vt coꝛui Secūdꝰ habꝫ maiores alas ceteris et pulchꝛas penne alarū iparū plene sunt oculis rotōdis et sunt aurei coloris atqꝫ fulgorī vt sūt apud nos caude pauonū Oculos habent coloris varij albi scꝫ ⁊ nigri ⁊ acuti Tercia maneries habꝫ grues nris de ytalia similes Quarta vo habꝫ grues puas hñtes pēnas longas pulcherriās rubro colore nigro qꝫ ꝑmixtas Quintaqꝫ maneries bꝫ grues coloris griseiꝯ oculos rubros ac nigros hñt et magne sunt valde Juxta ciuitatem hāc est quedā vallis i qua in diūb domūculis pꝑdices seruantur i copia maxīa que ab homibꝫ custodiunt ad hoc misteriū deputati vt eoꝝ copiā hēat rex qñcūqꝫ ad pdictam venit ciuitatē

De ciuitate cyandu et de nemore regali quod est iuxta eā et de festis tartaroꝛū Capłm lxvi.

Post regressum a ciuitate Kyagamoꝛū ad tres dietas ad aquilonem repitur . ciuitas cyandu quā edificauit magnus kaam . cublī in qua est moꝛmorcū pallacium maximū et pulcherrimū Cuiꝰ aule et camere auro oꝛnate sūt ⁊ mlʼ ta varietate depicte Juxta pallacium ē nemꝰ regale mar-

moreis vndiqz cinctū muris bñtibus in gyro miliaria xv.
In quo nemore sūt fontes et flumiā et prata mlˈta Ibi sūt
cerui dāmule capoli vt sint gyrfalcbis τ falconibz regi in ci
bum quando ibi in vna mutacione seruāt Nqz sunt ibi i
illa mutacione silˈ gyrfalchi ducenti et ampliꝰ et rex singulˈ
septimanis eos psonalitˈ visitat Sepe aūt venaꞇ ibi rex et
super equū suū in quo sedet post se defert domesticū leop
dum quē ad ceruū lˈad dāmulā puocat captāqz ab eo bes
tiam gyrfalcbis tradit atqz in hūc modū sepe in tlˈi solacio
delectaꞇ In medio nemoris habet rex magnꝰ domū vna
pulcherrimā de arundinibz cōpositā intꝰ τ foris totalitˈ
deauratā et picturis varijs dcoznatā vel adoznatā q̄ pictu
re sunt sic diligenter suplinite vernice vt nullatenꝰ possint
deleri a pluuia Est aūt domꝰ tota pposita tanta artis idus
tria vt leuari deponi pponiqz valeat et dissolui sine aliquo
detrimento Cū āt erigiꞇ et pponitur ad modū tentoriorū
ducentis et āplius funiculˈ firmatis sustētatur Arūdines
vo ex quibz hec domꝰ fit in lōgitudine bn̄t passus xv. τ in
grossicie vltra palmos tres De bijs sunt columpne trabe
cule et clausure desuper eciā bijs arūdinibz tegitur tō do
mus diuidūt eni arūdines iux̄ nodos et ps illa sup mediū
scinditur et de scissura qualibz due tegule fiūt q̄ sup domū
cōposite domū a pluuia pregūt et aquā emittunt inferius
Magnus āt kaam tribz mensibus ani locū illum ihabitat
scz in iunio iulio et augusto qr ibi est tēperies aeris magna
estasqz caret ardoribz Dijs q̄ mensibz domꝰ erecta man̄
ceteris vero deposita et pvoluta buaꞇ Die āt xviij. augu
sti magnꝰ kaam de ciuitate cyandu discedens ad locū pfi
ciscitur vt dijs solēpne sacrificiū imolet putans ob ß obti
nere ab ipis vt ipe et vxores eiꝰ et animalia cūcta q̄ possi
dent obbuentur Habet aūt rex armēta magna equor̄ al
bor̄ in quibz habet equas albas vltra dece milia Ipse
aūt in die festiuitatis equar̄ lac in copia maxiā in vasis no

d i

bilibz ipis pparatur z ipe rex manibz ppijs mltum lactis huc illucqz diffundit et p honore suoz deoz dicutqz magi q̃ dij bibūt lac effusū et ppter hui⁹ sacrificiū cūcta que ad eum ptinent conseruant et augent. Post sacrificiū nephā dum bibit rex de lacte albaz equarū nulliqz alteri illa die pmittitur bibere nisi bijs qui de pgenie ei⁹ sunt et vni illi us regionis pplo qui dicit oziath cui huiusmoi puilegium a chynchis ipi kaā magno fuit concessū in honore cuiusdā magne victorie quā ppls ille obtimuit p honoē A ynchis hic igit ritus die xvij. augusti in ppetuum obbuat Æ qui āt illi cū eq̃bz albis in tāta reuerēcia bñtur a pplo vt quā do p cāpestria tñsibūt vbi coz sunt pascua null⁹ iter in fa ciens presūat tñsire donec oiā armeuta tñsierūt. Nota i hac puincia cmedūtur boiū carnes qui sunt a iusticia pb lica infecti Æ oz aūt qui ex ifirmitate discedūt carnes co medere nolunt. Habet magn⁹ kaam magos qui dyaboli ca arte faciunt tñbzas i aere apparere sup palaciū regi lux est. faciunt eciā sepe dū rex est ad mēsam vt cyphy ei⁹ au rei arte demonū de mēsa que i medio aule est eleuāt et nūl lo coopante hoie añ ipm in ei⁹ mensa ponūtur dicunt āt h se facere posse ex vtute scitatis coz. Q ñ vero bij magi fes ta suis ydolis faciunt recipiūt a rege arietes habentes ca pita nigra. lignaz aloes et thus vt dijs suis odoziferū sacri ficium offerāt et coctas carnes offerunt ydolis cū cātu z le ticia maxima aquā vo decoctionis carniū añ ipm diffun dunt sicqz asserunt deoz suorum clemēciā inclinari vt ter ris fertilitatem prebere dignent:

De mōchis quibusdā ydolatris Capl'm lxvij.

In regione illa multi sunt monachi ydoloz cultui de putati Est āt ibi monasteriū magnū valde qd pre sua mā nitudine videtur esse qdā ciuitas pua in quo sunt circa du o milia monachoz seruienciū ydolis qui pter psuetudinē laycoꝛ capita barbasq̷ radunt et religiosoribʒ vestibʒ induūtur Iſtij in festiuitatibʒ suoꝛ ydoloꝛum faciunt cantᵘ maximos et accendūt in templo suo ꝑphano luīaria multa Sunt et alibi in regione ipa alij monachi ꝑter illos mꝝti et varij ydolatre /quoꝛ quidā mltas bn̄t vxores/ quidā autē caste viuūt ꝑ suoꝛum deoꝛ honoꝛe vitam asperrimam seruant nec ꝯmedunt nisi furfur aqua mixtū. vestiūtur āt pannis rudissimis et asperrimis coloꝛis nigri et sup durissīa stramenta doꝛmiunt Sūt eciam alij monachi ydolatre q̃ laxioꝛes obseruācias tenēt hos mōchos ydolatras sic dure viuentes hereticos reputant dicētes eos nō secundum foꝛmam debitam coleꝛe deos suos

Explicit liber primus

Incipiunt capitula libri secundi

Primū capl'm continet de potencia et magnificencia regi cublay maximi tartaroꝛ
Secundū qualiter nayam contra regem cublay ꝑsumpsit insurgere
Tercium quō rex Cublay se ꝑparauit ad obuiandū illi
Quartū q̃lit̑ pugnauerunt sil' ꞇ quō deuict⁹ est nayam
Quintum ꝑtinet de moꝛte nayam
Sextum qualit̑ cublay rex iposuit silenciū iudeis qui salutifere crucis vexillo exꝑbrare ꝑsumpserunt
Septimū q̃lit̑ remunerat magnus kaā milites suos quando victoriā obtinent
Octauum de foꝛma cublay regis et vxoꝛum et de filijs ꞇ ancillis
Nonum de mirabili pallacio ei⁹ quod est in cābalu et de mira ei⁹ amenitate

Decimū continet descriptionē de citate cambalu
Undeci^m de sburbijs et maxis marcac̄oib3 citat̄s cābalu:
Duodecimū qlit̄ psona kaam magnifice custoditur
Decimumtcium de magnificēcia ꝫuiuioꝝ ei⁹
Decimumq̄rtum de festo mag⁰ natal' reg̃ et de magnificē
cia vestium militum curie ei⁹
Decimumquitum de festo alio mag⁰ qn̄ fit in k̄l' febꝛuarij
Decimumsextum de aīalib3 siluestrib3 q̄ a venatoꝛib3 cer
to tp̄e āni ad curiā reg̃ magni mittantur
Decimūseptimū de leonib3 leopdis linteis aquil' ad venā
dum cū homib3 assuetis
Decimumoctauū de magnifica venacioē ad bestias
Decimūnonum de aucupio siue venacione ei⁹ ad aues
Uicesimum de mirabilibus tentoꝛijs ei⁹
Uicesimūpmum de moneta magni kaam ⁊ de inexistima
bili copia diuiciaꝝ eius
Uicesimūsecundū de ꝓ p̄fectis puinciaꝝ et de officio et
palacio coꝝ
Uicesimūtciū de curso ꝛib3 magni kaam ⁊ de multitudiē
et oꝛdine māsionū p̄ ipoꝝ receptione
Uicesimūq̄rtum de puidencia reg̃ ad obuiādū sterilita
ti et caristie tp̄ib3 et de pietate e⁹ ad sb̄ditos egentes
Uicesimūquintū de potioē q̄ loco vini fit i puicia cathay
Uicesimūsextum de lapidib⁹ qui ardent vt ligna
Uicesimūseptimū de fluiē magno pulsaciū ⁊ pulcherriō
ponte ei⁹
Uice^m oct. de b'ui q̄dā dscriptioē ptis vni⁹ puicie cathay
Uicesimūnonum cōtinet de regione tanfu
Tricesimū de castro caycui ⁊ qualit̄ rex ei⁹ pdit ꝛorie cap
tus fuit et oblatus hosti suo qui dicit̄ p̄sbiter iohānes
Trice^m p̄mū de fluiē magno coꝛomoꝛa et de circūiacēte re
Tricesimūsecundū de ciuitate quingyaufu gione
Tricesimūtcium de puincia chūchym

Tricesimūquartum de ꝓuincia'alchalech
Tricesimumquintum de ꝓuincia sindifa
Tricesimūsextum de ꝓuincia thebeth
Tricesimūseptimū de r̄gione alia ꝓuicie tlibeth et quadā eiꝰ turpi cōsuetudine
Tricesimūoctauū de ꝓuincia cayndu
Tricesimūnonū de ꝓuincia cāmam
Quadragesimū de regione quadā ꝓuincie tozmā in q̄ colubzi magni sunt
Quadragesimūprimū de ꝓuincia ardandan
Quadragesimūscōz de ꝓlio magno qō fuit inr̄ tartaros ⁊ et regē myen et de victozia tartaroꝛ
Quadragesimūterciū de regione quadā siluestri et ꝓuincia myen et de sepulchro pulcherrimo regis
Quadragesimūquartū de ꝓuincia bangala
Quadragesimūquintū de ꝓuincia tangigu
Quadragesimūsextum de ꝓuincia amu
Quadragesimūseptimū de ꝓuincia tolomā
Quadragesinumoctauū de ꝓuincia cynguy
Quadrag esimum nonū de ciuitatibȝ chancausu chyanglu cyangli
Quinquagesimū de citate tadifu et syngurnatu
Quinquagesimūprimū de magno flumiē caromaiā et de ciuitatibȝ coygam et caygin
Quinquagesimūsecūdū de nobilissiā ꝓuincia māgy ⁊ ꝓmo de pietate et iusticia eiꝰ regis
Quinq̄gesimūterciū qualit̄ boiam princeps magni k̄aam exercitus deuicit ꝓuincia mangy et eā suo dn̄io sbiugauit
Quinquagesimūquartum de ciuitate chorgungin
Quinquagesimumquitū de ciuitatibȝ panthy et chayn
Quinquagesimūsextū de ciuitatibȝ tyngu et yangui
Quinq̄gesimūseptimū qualit̄ ciuitas sianfu cū machinis capta fuit

d 3

Quinquagesimūoctauū de ciuitate syngui et de fluiē māgno quyam et de inumerabili multitudiē nauiū et qualiter ciues ei⁹ occisi sunt oīns qui occideīt tartaroꝝ exercitum
Quiquagesimumnonū de ciuitate cyagin   dormiētē
Hexagesimum de ciuitate cygiansu
Hexagesimū pmū de ciuitate chyngingui
Hexagesimūsecūdum de nobili ciuitate syngui
Hexagesimumtcium de nobilissiā citate quynsay
Hexagesimumquartū de ꝑuentibȝ quos recipit magn⁹ kaam de quynsay et de ꝑuincia māgu
Hexagesimūquintum de ciuitate tāpigui et de alijs ciuitatibȝ plurimis
Hexagesimūsextum de regno synguy
Hexagesimūseptimum de ciuitatibȝ quesymfu et vnꝗ̃
Hexagesimūoctauum de ciuitate fuguy
Hexagesimumnonum de ciuitate chayren ⁊ nobīlissimo portu ei⁹ et de ciuitate tyguy

ꝑExplicit tabula secūdi libri

Incipit feliciter secūd⁹ liber de potencia cublay et reḡ maximi tartaroꝝ Capitulū primum

In libri hui⁹ secūdi ꝑsequēcia mōstrare curabo magnificēciā cublay reḡ maximi tartaroꝝ qui vsqȝ ad tēp⁹ ꝯpilationis hui⁹ libri regnare dinoscīf Cui⁹ potencia maior apparet ee in diuicijs in dūacōne ꝛrarum et in ꝑsidencia multitudinis tum psonaꝝ ꝗ̃ cuiuscūqȝ alteri⁹ reḡ vel principis cunctis retro tēporibȝ referaī sicut manifeste in caplis sequentibȝ apparebit Est āt hic cublay kaam .i. dūancium dūs de ꝑgenie cynchis reḡ et sext⁹ est kaam vt ex supdictis apparet Cepit āt regnare āno dūi nri ihū xpī m. cclvi. et sapiā et ꝑbitate sua regnum obtinuit Nā quidā ex fratribus et consāguineis ei⁹ ipȝ ne regnarȝ et conati sunt im

pedire sibi āt de iure regnū dēbaſ ⁊Eſt āt in armis ſtrēnu
us vtute robuſtꝰ ꝓſilio polleus et in exercitꝰ ac ppli gubna
cione puidꝰ ac diſcretus ⁊Nā añꝗ regni corona acciperꜧ
ſepe egrediebatur ad bella et in oibꝫ ꝑbiter ſe gerebat ex
quo āt obtinuit non niſi ſeł pceſſit ad bellum ⁊ filios ſuos
dirigit vel barones

Qualiꞇ nayam ꝫ cublay pſupſit inſurgere ⁊Caplꝫ ſcōm
Cauſa āt hec eſt ꝓpter qd̄ ſeł ex quo é egreſſꝰ ad pug
nam anno dn̄i. mº. ccº. lxxviº. patruꝰ ſuus quidā no
mine nayam etad āno⁊ triginta mltis regionibꝫ ⁊ pplis p
erat cogitauit iuuenili etate ꝑmotꝰ q̄ alium dn̄ꝫ cublay ſub
ito cū exercitu maxiō Ad h̄ āt requiſiuit regem noīe cay
du qui nepos erat cublay regꝭ ⁊ ipm̄ exoſū hēbat qui rebel
lionꝭ ꝫſenſum adhibens pmiſit ſe pſonaliꞇ iterꝫ cum illo cū
centum milibꝫ militū ⁊Et cōdixerunt iuicē in qdam plani
cie cum ſuis exercitibus ꝯuenire vt ſił poſtmodū ſbito ter
ras regꝭ inaderent ⁊Nayam āt cōgregatis qtuor centū mi
libus militum ad deſignatum venit locū et ibi caydu꜠ pres
tolabatur regꝭ aduentum

Qualiter cublay ad obuiādū illi ſe pparauit ⁊Caplm̄ zm̄
Interea cublay rex cuncta didicit q̄ p illos ordinata
fuerant et in illo ſup huiuſmoi cōſpuracioē in nullo p
tetritus Jurauit ſe nunꝗ coronā delaturꝫ niſi de illa ſe ꝑ
dicoē et audacia vindicaret ⁊Jn viginti duobꝫ diebꝫ cō
gregauit ccc. ⁊ lx milia militū et peditū cētū milia de bijs
qui vicini erant in ciuitate camblau ⁊Cā āt hec fuit quare
maiorem n̄ ꝯuocauit exercitū qꝫ ſbito voluit ex deſperato
irruere vel ſi diuciꝰ fuiſſent in cōgregacione āplioris exer
citus imorati ad nayam noticiā puenifſet ex h̄ forte retro
ceſſiſſent oms̄ aut ad tuciora loca ſuum exercitū tn̄ ſtuliſſꜧ
Jdeoꝗ̄ noluit exerciꞇ ſuos quo ad expugnandū diūſas
ciuitates et prouincias vocare ⁊Nam tantam poſſet mili
ciam et peditū multitudinem in paucis menſibus congre

gare Et pre stupore gētis inumere quaſi incredibile videretur Interim rex mādauit vias oīns tāta diligencia cuſ-
todiri vt nayam ipiꝰ ꝑpacionē et aduentū oīno ꝑſcire non
poſſet Euntes eni et redeuntes a regis cuſtodibʒ tenebā-
tur ꝓpter quod nayam de eiꝰ occurſu ꝓſcius eſſe non potuit Cōſuluit aūt rex cublay aſtrologos ſup exitū vie ſue
qui oīns de cōi. iudicio, rñderūt ꝙ bonorabiliter de hoſtibus triūpharet

Qualiter pugnauerunt ſil' et deuictꝰ ē nayam Capl'ʒ iiij.
Igitur cublay cōgregato exercitu ſuo caſtra mouit τ
in diebʒ viginti puenit ad planiciem vbi nayam et caydu
regis exercitus expectabat Nocte aūt iuxta collem quādam qui erat exercitꝰ ppl's vo nayā p̄ planiciem diffuſꝰ in
ermis erat ſolacijs vacans et neqꝗ de periculo ſe preuide-
bat maneāt facto cublay rex aſcendit in collē cunctoſqʒ exercitus ſui milites diſtixit in xij acies ita vt quelibet acies
triginta milia militū contineret pedites iuxta milites tali
ordine collocauit vt in quibuſlibet aciebʒ duo pedites te-
nentes lanceas hincinde ad vniꝰ militū latera ponerentur
donec peditū numerꝰ cōpleret Rex āt in mirabili caſtro
ligneo erat qd ab elephantibʒ quatuor portabat̄ vbi erat
regale vexillum cum aūt exercitꝰ nayam vidiſſet inſignia
τ exercitum cublay vehement expauit nondū eni venerat
exercitꝰ Caydu Nayam vo ſb tentorio cū cōcubina quā
ſecū adduxerat dormiebat Excitatꝰ a ſuis modicū timuit Nichilomiꝰ tñ ꝙ cito potuit dū deſcenderūt illi ipſe ſuas acies ordinauit Cublay in circuitu exēcitꝰ diſponit acies Eſt āt cōſuetudo oīm tartaror̄ tubis p̄mitꝰ clangere τ
tangere cūcta inſtrumēta ac alta voce clamare Et poſtea
ad ſonitum nataror̄ p̄ncipis inchoare bellū t̄minat̄ vtri-
uſqʒ exercitꝰ cantelenis regi cublay naccara ſonarunt τ tē-
ptes contra ſe iuicem irruētes in pliū Erat āt in aere ſagit

tarum tā inextimabilis mltitudo vt ymbres pociᵁ q̃ sagit
te viderent : Quibz effusis cū gladijs et lanceis et clauis
pugnare ceperunt Erat nayam ꝓfessione xp̄ianᵁ s̄ non o
perum fidei imitator et in suo principali vexillo crucis de
ferebat signum mltos q̄ xp̄ianos secū habebat a mane āt
vsq̄ ad meridiē ꝓmissum ē plium ꞇ mlti ex vtroq̄ ꝓlio cor
ruerunt Tādem deficiēte ac tgiūsāte pplo nayam cublay
victor extitit et in fuga ipa multitudo exercitᵁ mirabilis ē
occisa Nayā vero captᵁ est et regi oblatus

De morte nayam Capłz quintum

Rex vero cublay ꝓcepit vt cōfestim nayam occideret
sicut dn̄i sui ꝓditor et rebellis s̄ qz de ꝓgenie eiᵁ fuit
noluit vt sanguis stirpis sue regie funderet ne terra sāgui
nem regium biberet aut sol vel aer quitq̃ de regali ꝓsapi
a videret occidi fecitq̄ eū in tapeto inuolui et inuolutū liga
ri ligatūq̄ tā diu huc illucq̄ deduci et agitari donec sedu
lo anhelitu necaret Mortuo aūt nayā cuncti barones eᵁ
et principes et populi qui potuerunt euadere iter quos fu
erunt xp̄iani multi et regi Cublay dn̄io se totaliter sōdide
runt Quatuor igitur tūc ꝓuincias obtinuit rex cublay q̄
rum ista noiā sūt sciz futorcia Cauly Rascol et sinchitra

Qualiꞇ rex cublay silenciū sarracenis et iudeis imponiꞇ qui salutifere crucis vexillo exprobrare presumpserant Capitulum sextum

Idei vo et sarraceni qui in exercitu cublay fuerant
cepunt xp̄ianis qui cū nayam venerant exꝓbrare q̄
xp̄s suus cᵁ crucem nayā habuerat in vexillo ei et suis aux
iliari non potuit ꞇ sic cotidie xp̄i non verentes irridere po
tenciam xp̄ianis tedium inferebāt/ xp̄iani vero qui ad re
gis obedienciam venerāt ei super h̄ de molestia querimo
niam obtulerunt Qui cum xp̄ianis iudeos et sarrace-

nos ad nocās xp̄ianis sic ait Si de⁹ vester ⁊ ei⁹ crux noluit Nayā ferre p̄sidiū nolite erubescere qm̄ de⁹ bonus iusticie et iniquitati nō debet p̄ocinari Nayā dn̄i sui p̄ditor extitit et iusticie rebellis et dei vr̄i in sua malicia ip̄lorabat auxilia. deus aūt vester qui bon⁹ ē noluit ei⁹ fauere criminibus p̄pter qd iudeis omnib3 et sarracenis mādo vt nullus p̄ hac re dn̄i crucem vel deū vestr̄ blasp̄hemare p̄sumat Sicq3 fcm̄ est vt illi deinceps ab hui⁹ exp̄zacione cessarent Cublay āt rex victor ad ciuitatē suā cābalu ē reuersus neq3 de cēo ampli⁹ est cū exercitu contra hostes egressus s3 filios suos vel barones quocūq3 est necē cum exercitibus mittit

Qualiter chaam magn⁹ rex milites suos qn̄ victoriā obtinent remunerat Capl'm septimum

Pefectos āt suoꝝ exercituum qn̄ victoriam in b..llo obtinent hoc mō honorat Cum eni qui p̄erat centū militib3 mille militib3 p̄ficit et sic gd atim reliquos p̄mouit donatq3 illis dona aurea et argentea vasa atq3 tabulas p̄iuilegioꝝ et grāꝝ aureas vel argenteas Quid illis concedatur in sculptura ip̄ressa tabule p̄tinentes Nam ex vno latere lr̄e hui⁹ tenoris sunt p̄pter dei magni vtutem et p̄pter gc̄iam magnā quā nr̄o imp̄atori cōtulit nomē magni kaam bn̄ dictum sit In alio vo latere insculpta est ymago leonis cū sole et luna vel ymago gyrfalchi aut aialium diuersoꝝ Quicūq3 eni habet ymaginē leonis cū sole ⁊ luna in tabula qn̄ in publico p̄cedit defertur paltium super eū in signū auctoritatis magnē Qui āt girfalchi ymaginē pōt secū ducere de loco ad locū vniuersā vel principis miliciam sicq3 optimo modo cūcta vestimēta sunt quib3 habētibus tabulas debeat obediri Si quis aūt nō ad omnia secundū volūtatem bn̄ti tabulas nō obediret p̄ut sc3 requirit ei⁹ aūctas tq̄ rebellis magni kaam morte morietur

⟨De forma regis cublay et de vxoribz et filijs et ācillis. Capitulum octauum

Rex magnus cublay pulcher ē valde in statura mediocris neqz pinguis nimiū neqz macilentus faciem habz rotundā et candidā et oculos nigros nasum pulcherrimum atqz per singula corpis sui membra pportionis ē optime. Habet āt vxores quatuor qs vocat legittimas. Primogenitus ei⁹ ex prima dēt in regno succedere. Quelibet āt harum quatuor curiā p se regalem habet in palacio suo pprio habet eni vnaqqz illaz ācillas trecentas electas mīl tosqz mistros enuchos aliosqz familiares inumeros adeo vt in cuiuslibet ipaz familia virī et mulieres sint circa decem milia. Insup habet rex cōcubinas mltas. Est eni int tartaros natio vna que ōr vnctas mulieres habere valde decoras et moribz optimis adornatas de quibz tenet i palacio vno numero centū que sunt sb cura nobilium matronarum que circa custodiā curā hūt diligentē et oz vt videant si infirmitatē vel maculā hūt que aūt hui⁹ defectu corporis carent pro rege seruātur. Sex āt ex ipis tribz diebz regalis camere custodiā hūt. Et dū rex ingreditur ad quietem et qn surgit ei assistunt et in eius cubiculo dormiunt. Quarta vo die sex alie primis succedūt et tribz diebus ac noctibus in simili misterio occupant τ sic alt natim i tercium sex alie pcedentibz succedūt alie. et sic successiue succedunt donec numer⁹ .c. cōpleat. De qtuor vo pfatis vxoribus habet rex filios xxij. pmogenit⁹ āt prime vxoris vocatur chynchys qui succedere imperio debuerat ꝗ qz premortu⁹ est patri filio ei⁹ Chemur debet successio qz fili⁹ pmogeniti est. Est āt chemur probz et strennu⁹ et prudēs valde pluresqz iā victorias obtinuit. De ancillis āt habet cublay rex filios xxv. p hos valde qui omnes magni barones sunt. ⟨De pallacio ei⁹ mirabili quod est in cābalu et de mira loci illi⁹ amenitate. Capl'm nonum⟩

Tribus mēsibz scz decēbri ianuario et februario cublay rex in regali ciuitate cōtinue immoraī In q̄ e huiusmodi regale palacium prio tocius palacij ambitꝰ cōtinet miliaria quatuor Ita vt quadratura quelibet vnum miliare cōtinet Est aūt murꝰ pallacij grossꝰ valde bn̄s altitudinis passus decē cꝰ tota exterior facies vndiqz colore albo et rubeo depicta est In vnoquoqz muri angulo pallacium vnū magnum z pulchr̃ habet et similit̄ in meꝺ cuilibet faciei muroz principaliū est vnū pallacium Suntqz in hunc modū in circuitu pallacia octo In bijs seruantur vasa et arma bellica scz arcus sagitte pharatie calcaria selle frena funiculi arcuū et cetera oportuna pro bell' In vno quoqz aūt pallacio solūmō vniꝰ maneriei arma seruāt̄ Facies vero pallacij que meridie respicit bz portas quinqz q̄rum media maior est oibz et nūcq̄ apitur nisi p̄ regis itroitum vel eciā per exitum apitur Nulli p̄ eam nisi soli regi patet ingressus habet āt duas minores portas collaterales per quas qui cū rege sunt transeunt Quelibet āt reliquarū facież trium vnicā portā habet ī medio per quā cuilibet licite patet ingressus Intra pallacia vo p̄dicta q̄ in faciebz poris sunt in distancia cōgrua ē alius murꝰ ad modum alteriꝰ qui simili mō octo pallacia continet In quibus seruantur alia vasa et vtensilia p̄ciosa et regalia magni reg̃ In spacio s̄t medio interiori est regale pallaciū solaria caret pauimētu vo eiꝰ exteriori fundo p̄eminet palmis decem Tectū eiꝰ altum est valde et optime pictū parietes aulaz et cameraz oīns auro vel argento suptecti sunt Ibiqz sūt picture pulchre et hystorie belloz depicte ꝓpt̃ huiꝰ aūt ornamenta atq̄ picturas pallacium est valde splendidum In aula maiori sedent ad mensas simul et fel' circa sex milia boim̄ Intra muros vo p̄fatos et inf̄ poca palacia sūt vidaria pulchra ī qbz prata sūt et lig̃ siluestria poifera z optiā i bis vidarijs sī aīaꝉ siluestia mlti scz cerui albi

āialia illa in quibʒ muscatū inueniť de quibʒ in p̄mo libro
dcm̄ ē capre dāmule varij et alia animalia mlta valde Ex
pte aule in aquilonari iuxta pallaciū babet lacunā in q̄ pis
ces nutriūt mlti et optimi qui aliūde deferūtur illuc de q̄
bus piscibʒ copiam babet rex p̄ suo libito voluntatis Jn
lacuna aūt ingreditur fluuiꝰ in cuiꝰ introitu et exitu posita
sunt ferrea rechia ne pisces egredi valeant Extra pallaci
um ad leucā vnam mōticulꝰ quidā est altitudinis centum
passuū in circuitu cōtinens vnū miliare arboribʒ consitus
que folia bn̄t sp̄ virecia Sicubi audit rex arbore pulchrā
esse facit eā illuc sup elephātes cū radicibʒ deferri eciā a r
motis ibiqʒ transplātari iubet Jōqʒ sunt ibi arbores pul
cherrime sup modū Totus āt mons ameūꝰ est et cooptꝰ
herba virenti Et qr ibi virencia oīa sunt Jō viridis mōs
vocatur In cacumie aūt eiꝰ est pallaciū quoddā pictū co
lore viridi In B̄ monticulo sepe rex kaā delectabiliť recre
atur Juxta pallaciū pdc̄m fecit rex cublay pallaciū p̄ oīa
simile illi in quo habitat thēmur qui pꝰ eū regnaturꝰ ē qui
curiam regalem tenet magnificā valde babet q̄ bullas im
periales et signum impiale non tn̄ ita integraliť sicʹ mag
nus kaam

¶Descriptio ciuitatis cābalu Capl'm decimum:

Ciuitas cābalu sup magnū flumen est i prouincia ca
thay q̄ olim nobil' fuit et regal' Cambalu eni in nos
tra lingua sonat ciuitas dn̄i. hanc magnꝰ kaam ad aliā p̄
tem fluminis trn̄stulit qr ab astrologi didicerat q̄ imperio
ipiꝰ futuro rebellis erit Ciuitas hec qdrata ē et p xx. mili
aria ptenditur Et cuiuslibet quadrature facies sex milia
ria longitudinis muros de tra babet dealbatos exterius
altitudinis passuū viginti latitudo quoq̄ babet inferiꝰ pas
sus decem Sj ad superiꝰ ascenditur sbtiliores sūt adeo vt
sumitas solūmodo passus tres babet latitudinis babet e

ciam portas principales xij. In qualibet scz quadratura tres z super singulas portas singula pallacia sūt Et i oibz muroʒ angul' similit pallacia sunt i quibus sunt aule plurime vbi suatur arma custodū ciuitatis Habet insup citas muros latos z rectos adeo vt ab vna porta ppter vici rectitudinē porta alia sibi p directū oppoita videtur: Intra vero multa et pulchra pallacia sunt valde In medio āt ciuitatis pallacium magnū est vbi ē campana p gradis cum q̄ tria signa omni sero fiunt postq̄ nulli licʒ domū ingredi nisi ppter infirmi vel parientis mulieris necssitatē Oportet āt oēs de nocte per ciuitatē eūtes lumē deferre Quelibet vero ciuitas postea seu porta noctibʒ singul'a mille hominibʒ custoditur non quidē ppt timorē hostium s latronum Sūmum eni studiū adhibet rex vt arceantur fures

De marcationibz maximis cābalu Capl'm vndecimum:
Extra ciuitatem cābalu sunt xij. sburbia magna valde an singulas portas quibz marcatores z viatores quicuq̄z recipiuntur. mltus eni populus cōtinue ad ciuitatem ꝓfluit ppter curiā regis et marcacoēs inumeras q̄ deferuntur illuc In sburbijs illis hitat multitudo maxima populoʒ Suntq̄z ibi pallacia tā pulchra et magna vt iteriora sunt excepto r̄gali pallacio In hac ciuitate null' mortuus sepelitur Oīs enim ydolatre sunt eř suburbia ꝯburuntur Moʒrum aūt corpora q̄ cōburi nō dent sepeliuntur extra suburbia. ppter mltitudinem vō extraneoʒ qui ad ciuitatem ꝗueniunt. sunt ibi meretcum circa viginti milia que in sburbijs ꝯmorantur Nā intra muros citatis nulla eaʒ habitare pmittitur Ad hāc ciuitatē vel vrbē mcacoēs tā multe et maxiē referuntur vt quōlibet toci' vrbis ciuitatem in quātitate negociacioni excedat Deferuntur aūt illuc lapides preciosi et margarite et sericū et aromata pciosa in copia maxiā de india magna z cathay et de alijs re

gionibz infinitis Est eni in situ optimo posita et ad ipam
de facili ꝯcursu̅ habent finitime regiones Est eni in medi
tullio ꝓuinciaꝛ multaꝛ diligēti habita extimacoē per ne
gociatores tre Non eni est i anno dies in quo vltra mille
carrucas de serico negociatores extranei illuc non defert
Fiunt eni ibi de auro et serico opa infinita

Qualiter psona magni kaam custoditur Cap'lm xij.

Magnꝰ āt kaam in sua curia stipendiarioꝛ equitū xij
milia tenet qui dn̄r quesatani id ē fideles milites dn̄i
Istis militibz quatuor duces sūt pfecti quoꝛ quilibet tri
bus milibz preest boꝛu officiū est psona̅ magni kaam cus
todire die ac nocte et a curia regj ipensas recipiūt Custo
dias āt suas tali condunt ordine Dux vnꝰ cū tribz suis mi
libus tribz diebus et tbus noctibz intra pallaciu̅ habitat
ad regj custodia alijqz quiescūt Post tres dies succedunt
alij suas custodias seruātes ac seruaturi et sic alternati to
to anno custodiuut Sit āt hec custodia propt regal' mag
nificencie honoꝛē non āt qꝛ rex aliquem metuat

De solēpnitate cōuiuioꝛ eius Cap xiij.

Solempnitas que seruatur in ꝯuiuijs regj est tal' Qn
āt rex ꝑpter festum aut cām alia i aula magna vult te
nere ꝯuiuium . curia tali ordie sedet ad mensa Primo nā
qꝛ regis mensa ceteris eminencioꝛ sic locatur . vt rex in sep
temtrionali pte aule sedens faciem ꝯsus meridiem teneat
Ad sinistrā āt eius scz iuxta eum sedet regina maior pma
scilz eius vxor Ad dexteram vo ipius sedent filij ꞇ nepo
tes et qui de imperiali eiꝰ psapia sūt sed eorum tantū sunt
inferius posite a regali mensa vt eoꝛ capita ad regis mag
ni pedes attingant Reliqui vo barones et milites silit in
meb adhuc inferioribz collocāt eode̅ ecia ordie a sinistris
sedēt ī gie reliq et vxores nobiliū baronū . qlibz ei pnceps

vel baro sui ꝗdus ordinē tenet sīlr et vxores eoꝝ: Omnes
eni nobiles qui in curia ꝯmedunt in solēpnitatibȝ regī vxo
res suas ad cōuiuiū ducunt Dm̄s autē mense taliť disposi
te sunt vt magn⁹ kaam de loco suo cūctos simul recūbētes
videat sp̄ ãt in solempnitatibȝ huiusmoi cōuenit magꝫ mul
titudo Extra vo aulā regiā aule alie collaterales sūt i qui
bus in solempnitatibȝ regī comedunt qñꝗȝ xl. milia preter
eos qui de curia regī sunt qm̄ multi ex bijs qui feuda tenēt
ab eo traꝝ regionū et ioculatores inumeri Et bij eciā qui
iocalia deferūt et res nouas varias ⁊ diūsas veniunt ad re
gis curiā in buiusmōi festis In medio vo aule regie quod
dā vas aureum ponitur vino plenū vľ ꝓciosa alia pocione
vni⁹ vegeti seu dolij vel curr⁹ mesuraꝫ capies Iuxta qd sūt
hincinde q̄tuoꝛ dolia magna de auro purissimo miōꝛa ali
quātulum vase illo in quibȝ vinū defluit de vase minori de
quibȝ vaš vinum hauritur in vrceos aureos qui inter du
os ponūtur in mēsis cunctoꝝ discūbencium in regali cōui
uio quoꝝ quilibet est tāte magnitudis vt vinū ꝓ octo ľ de
cem capiatur homibȝ quilibȝ eciā i magno vase cypho au
reo bn̄tem pedē et stipitē aureū Sunt vniūsa vasa hec va
loris maximi Et eciā alia tanta inumerabiľ ⁊ inextimabiľ
vasoꝝ aureoꝝ et argenteoꝝ copia que in curia regī sunt vt
cuncti vidētes stupeāt etlqui non videřt vix possint narrā
tibus credere Seruitores vo qui regi ministrāt dū come
dit magni barones sunt quoꝝ quilibet os suum cooptum
habȝ cū delicatissiō pāno serico ne seruientis flat⁹ cibū vľ
potū contingere possit Cum āt rex cipbū tenet vel bibit
cuncti qui tenēt instrumēta musica assistentes regi oiā tan
gunt om̄sꝗȝ barones ministri qui in aula seruiūt genu flec
tunt De cibis āt qui deferūtur ad mensā explicare nō ex
pedit qm̄ ľvn⁹ quisꝗȝ ꝑ se cogitare p̄t cp̄ b᷍ vitam magnificā
curia laute et magnifice p̄paretur Termiāto prandio sur
gunt cytharedi omnes et suaues faciūt melodias et ꝑ iocu

latores et histriones ac nigromāticos ioci et solacia māna fiunt corā rege et corā alijs qui in eius curia cōedunt

De festo magno natalis regis et de magnificencia militū curie eius   Capitulū xiiij.

Mos est omniū tartaroꝝ diem natiuitatis regis solēp̄niter celebrare Festū aūt magni kaam est die. xxviij. mensis septembris quo die maiorē solempnitatem agit q̄ alio die anni excepta festiuitate kalendis februarij quam diem tanq̄ anni colūt iniciū Mensis est enim februarius apud eos primus in mensibus anni In festo igr̄ natiuitatis sui regis rex magnus kaam induitur veste preciosa aurea q̄ preciosa est vltra modū. habet aūt in sua curia barones et milites numero xij. milia qui dicūtur primi fideles dn̄i hos oēs simul vestit secū quocienscūq̄ festa celebrat q̄ sunt in āno tredecim Quib⁹ eciā donat singulis festis predictis zonas aureas magni valoris et calciamēta ex camuto filo consuta argentea valde subtiliter ita q̄ quilibet coꝝ i hoc regio apparatu rex magn⁹ esse videt q̄uis aūt vestis regis preciosior sit vestes tn̄ alioꝝ militū sic sūt pciose q̄ ex eis ml̄te excedūt valorē decē miliū bisanciū aureoꝝ Hoc igitur modo dat ānuati suis militibus in vniuerso pciosas vestes ornatas auro et margaritis et alijs lapidibus preciosis cū zonis et calciamentis prefatis numero. c. lvi. milia Sunt aūt militū pdictoꝝ eiusdē coloris cui⁹ est vestis magni kaam In festo āt natiuitatis magni kaam oēs reges prīcipes barones qui eius sūt iurisdictioni subiecti donaria regi mittūt Qui āt volūt grās vel officia petere peticōes xij. baronibus porrigūt qui sūt ad officiū deputati p quos ad oia respondetur Oportet eciā vt oēs populi cuiuscūq̄ sint fidei siue xp̄iani siue iudei siue sarraceni ceteriq̄ pagani deos suos solempniter inuocent ꝓ vita et incolumitate et ꝓsperitate magni kaam

e i

De festo alio magno qd́ fit in kalendis februarij. Capi
tulū xv.

In primo vero die .s. kalendis februarij die .s. ṕmo ā
ni scd́m putacionē tartaroȝ magnᵘ kaam et om̄es tar
tari vbicūqȝ sunt festū maximū faciūt. Rex aūt et barones
ac milites eius necnon et reliqui tartari mares et femine si
possint die illo albis vestibus induūtur et vocant illius di
ei solempnitatē albā dicūtqȝ vestem albā bonū habere fa
tum et qȝ ex hoc illo anno fortunā bonā habituri sunt hac
die cūcti terrarū d̄ni et rc̄oȝes qui p̄fecturas tenēt a rege
offerunt illi munera auri et argēti et margaritas et gēmas
vel pānos pulcherrimos albi coloris aut equos albos pul
chertimos q̄nqȝ sūt regi oblati albi equi numero centū mi
lia Similiter eni ceteri tartari hac die sibi inuicē dona tn̄i
mittūt et multū letant̄ adinuicē vt ex hoc ip̄o āno postmo
dū leti viuant. In hoc eciā festo oēs elephantes regis ad
curiā ducūtur qui sūt numero circa quiqȝ milia q̄ ōnes sup
vestiti sunt cooptura pulcherrima et varia sup quā consu
te sunt de pāno ymagines bestiarū et auiū defert aūt q̄libȝ
elephas duas maximas ac pulcherrimas capsas in quibȝ
sunt aurea et argentea vasa regis aliaqȝ multa pro festo al
bo necessaria. Multi eciā cameli coopti ducūtur illuc qui
multa pro festo deferūt necessaria. Omnia āt animalia co
rā rege ducūtur qm̄ videre hec omnia est admirabile et io
cundū. Mane aūt .s. die festi albi an̄q̄ mense parentur oēs
reges duces barones milites medici astrologi p̄fecti offi
ciales ad magni regis aulā cōueniūt et qui in ea locari p̄e
multitudine nequūt in aulis collateralibus congregantur
vbi a rege qui in throno residet videri optime possent. Se
dentqȝ singuli ordine debito iuxta sui gradus et officij dig
nitatem. Tūc surgēs vnus in medio clamat voce altissima
inclinate et orate. Facta aūt hac voce cōsurgūt celebriter
oēs et genu flectūt et fronte ad terrā dimissa regem quasi

deū adorant et hoc quatuor vicibus faciūt fcā adoracione vadunt omnes ad altare suo ordine qd in aula positū est super qd tabula vna est rubro colore depicta in qua scriptū e nome magni kaam et thuribulū pulcherrimū ibi p̄paratū accipiunt in quo redolencia thura sūt et ad honore magni kaam cū multa reuerencia thurificant tabulā et ad sua redeūt loca hac nepharia thurificacione cōpleta quilibet in ⁊spcū regis ppria enxenia offert de quib⁹ est supradictū ⁋Post h̄ mēse parant ⁊ fit solēpnissimū prandiū cū magna leticia ⁋Post prādiū aūt p ioculatores solacia magna fiūt. ⁋In huiusmodi eciā festis leo vnus domesticus ante regē adducitur qui ad pedes eius mansuetus iacet vt catulus quia eū pro domino recognoscit

⁋De leonibus leopdis linceis et aquilis ad venandū cū hominibus assuetis ⁋Capitulū xvi.

Mensib⁹ tb⁹ quib⁹ magn⁹ kaā morat̄ i Cābalu scz de mēbri ianuario ⁊ februario ex statuto regi p lx. dietas vndiqʒ iux̄ puinciā Cathay dent venatores puinciaʳ venacōi it̄edere ⁊ oēs bestias gndes. s. ceruos vrsos cap̄olos apros ⁊ dāmulas ⁊c hui⁹ mōi dnt suis dn̄is pūtare q teneʳ si a curia regi distāt ⁊ginta dies aut ifra abstractis iferioribꝰ bestiaʳ mittere m̄gno kaā i caruca l̄ naui Qui vo vltra xxx dietas r̄moti sūt a curia solūm o ppata q p armis nccia sūt

⁋De aialibus siluestribus q̄ a venatorib⁹ certo tpe āni mittuntur ad curiā ⁋Capitulum xvij

Habet magnus kaam pro suo solacio venacionis solacium leoperdos m̄ltos domesticos qui ad venacōes cū hominibus assueti sūt et p h⁹ mōi venacōc opti sūt multas qʒ bestias capiunt leones sil̄ bʒ ad venandū industriosos habet eciam leones optimos et pulcherrimos maiores illis qui in babilonia sunt qui in pilis pellium vngulas bñt p longũ coloris varij scʒ nigri coloris albi et rubei qui similiter sunt docti cũ hominibꝰ venari et apros ursos ceruos capreas onagros bouesqʒ siluestres cũ venatoribꝰ cape Qñ volũt venatores regis leones secũ ad venacõez ducere duos ex eis in carruca deferunt quorũ quilibet comitem habet puulũ Simili mõ habet rex aquilas multas domesticas q̃ adeo fortes sũt vt lepores capreas damulas et wlpes capiãt inter quas plime tante audacie sũt vt ipe tu magno in lupos insiliant nec ab earũ se possunt lupi virtute defendere quin capiantur ab eis.

De magnifica venacione ipius kaam Capitulũ xviij
Sũo barones magni kaam qui germani sũt quoꝝ vnꝰ dicit bayan alter mugan venacione regis sũt hoc mõ pfecti Quilibet eni ipoꝝ decē milibus boim p̃est qui canes magnos nutriũt quos mastiuos dicimus ꝓpter qd̃ vocantur in lingua tartarea Cymei hoc est canũ maioꝝ prefecti Cũ aũt magnus kaam wlt in venacione sua solēpnie delcāri duo prefati barones ducũt secũ xx. milia venatorũ cũ canibus qui sũt numero. v. milia Cũ aũt cũ rege ad cāpestria pueniunt vbi fieri debet venacio Rex magnus se ponit in medio cũ suis baronibus vnus aũt illoꝝ pfectoꝝ vadit ad regis dextrā cũ suis. x. milibus alius vero cũ suis x. milibusad sinistrā vniuersi vero venatores sic abinuicē discernũtur q̃ decem milia induti sũt vestibus rubeis alij vero colore aeris qué nos wlgariter dicimꝰ colore celestē Faciunt aũt aciem longā vt vnus iuxta vnũ p camporũ lōgitudinē situant terrā vero sic hincinde capiũt in plano fere ad diete mensurā Canes vero suos secũ habent Cũ ãt in predcō loco sunt locati sic ⁊ sic venando ꝓcedunt canes quos tenent lassant ad bestias siluestres quaꝝ ibi est maxima multitudo Pauce igitur bestie illoꝝ manus pñt euadere pre multitudine canũ et industria venatoꝝ ꝑ videre

iocundū valde est bijs qui venacōib⁹ huiusmōi delectant

De aucupio eius seu de venacione eius ad aues ⸿ Ca
pitulū xix

IN mense marcij descendens magnus kaam de ciui=
tate Cambalu pcedit ad cāpestria vsq; ad mare oc=
ceanū cū falconerijs suis Talis aūt solempnitas in huius=
modi venacōe buatur Egrediūtur cū illo falconerij nume
ro xx milia qui falcones pegrinos et sagros bnt inumeros
austures vero multos ac gyrfalcos bnt iuxta aut circa qui
genta bij oēs p regiones huc illuc q; se diffundūt ⁊ cū vide
rint aues quarū ibi est multitudo magna laxant gyrfalcos
austures et falcones in capturā Aues āt q̃ repiunt p ma=
iori pte referūtur ad regem Rex āt psonaliter pcedit cū il
lis sedēs in pulcherrima camera ex lignis optime fabrica=
ta q̃ sup q̃tuor elephātes est artificiose opposita foris quidē
pellib⁹ leonū coopta intus vero totalit̃ decorata et deaura
ta i qua tenet p suo solacio barones aliquos secū et gyrfal
cos xij elcōs Est āt camera pānis aureis et sericis coopta
iuxta elephātes q̃ camerā deferūt m̃lti barones et milites
equitant qui nō discedūt a rege qui cū videt fassiarios vel
grues aut aues aliūde tr̃sire falconerijs q̃ cū rege sūt indi=
cāt qui stati regi notificant Ipe aūt discoopiri faciens ca
merā gyrfalcos quos wlt emitti iubet ad aues et ipe in se=
de residens ludū auiū intuet̃ insup b; secū decem milia ho
minū qui in huiusmōi venacōe bini huc illucq; p illa cam=
pestria diffundūt quoꝝ est officiū falcones et astures et
gyrfalcos quo volant ꝯsiderare ⁊ eis si fuerit op⁹ succurre
re vocāt̃ āt lingua tartarica restaor.i.custodes b; eni quili
bet eoꝝ p auib⁹ reclamatoriū et capellū vt aues vocare et
tenere valeat nec expedit q̃ ille qui auē dimisit seq̃tur illā
q̃m bij sūt intenti et solliciti ne ledant̃ aues et poāt qui eni
priniores sūt ei ⁊ cū nccē fuerit tenēt̃ sbuenire Quelibet

e 3

aūt auis cuiuscūqʒ fuerit tabulā puissimā habet ad pedes
cū signo dñi sui aut falconerij vt si fuit dimissa dño suo res
titui valeat Cū āt signū nō fuerit cognitū sic defert ad ba
rone quendā ad hoc officiū constitutū qui ōz lingargue.i.
custos pōcarū rerū Dés eni aues sibi oblatas obſuat fide
liter donec a dño suo fuerint repetite qd similiter de equis
fit Quicūqʒ ergo auē aliquā i hac venacōe pdiderit recur
rit ad istū et sic nichil pōt ibi amitti. Et diu ille rē tenuerit
curā de ea optimā haberi facit Si quis vo inuentā rē non
stati restituerit dño suo aut officiali pōcō bētur vt fur Il
le āt locū sibi eminenciore eligit ad manendū suūqʒ vexillū
in emineti ponit vt iueniri faciliter possit ab hijs qui rem p
ditam vel inuentā vel resignare vel repetere volunt

De mirabilibus tentorij   Capitulū xx.

Post hec si in auibus ludendo venit ad magnā planiciē
Cyamordiū vbi sunt tentoria regis et curie pparata
Sūt āt tentoria hec vltra x milia pulchra valde Tentoria
āt magni kaam huiusmōi sūt Primo ē tentoriū vnū mag
nū sub quo manere pnt milites circa mille et portā habet v
sus meridiē sub quo resident milites ʒ barones iuxta ipm
ad occidentalem plagā est tentoriū aliud in quo aula regis
magna est vbi cōsistoriū est qn vult cū aliquibus loqui Ca
mera aūt huic aule adiūcta est in pte altera vbi dormit qui
bus ptigue sūt aule et camere Due vero aule predcē.s. au
la militū et consistoriū regis ac camera eius huiusmōi sunt
Sustentanī quelibet ipaʒ triū tribus colūpnis de lignis
aromaticis q̃ sculpta sunt pulcherrimis cellaturis optime
figuratis Exterius coopte sunt vndiqʒ pellibus leonis va
rij coloris albi nigri et rubei qui colores naturales sunt m̄
ti enim sic colerati bntur in regione illa Vento aūt aut plu
uia sic ledi nō possunt tentoria pro eo q sintta solido corio
coopta Intus vero cānus aularū et camere cooptus ē pel

libus harmelinoꝛū ⁊ zambellinoꝛū que sūt nobilissime pel
les Tanta est enī ibi quantitas pelliū zambellinoꝛū ꝙ ꝓ
integra veste militis sufficeret et ascendunt duoꝛū miliū bi
sanciū aureoꝛū si de pellibus vestis facta est Si aūt de cōi
ascendit ad valoꝛem mille bisanciū Animalia illa a quibꝰ
hee pelles bn̄tur dn̄tur rondes et sūt magnitudinis vnius
fayne Sūt aūt pelles ille sic artificiose ꝯposite et diuersis
diuisionibꝰ oꝛdinate vt valde mirabile et delectabile sit vi
dere funes quibus hec tria tentoꝛia sustentant sunt de seri
co Juxta predcā tentoꝛia sunt tentoꝛia vxoꝛū filioꝛū et an
cillarū regis pulchra valde Tanta est eciā huiusmōi tento
rioꝝ multitudo vt ibi ciuitas maxima videat̄ vndiq; enim
ad hoc solaciū maxima confluit multitudo. Sunt eciā ibi
regis medici astrologi falconerij ceteriq; officiales ita dis
positi locati et oꝛdinati sicut in magna ciuitate Zambalu.
In hac enim planicie moꝛatur rex ꝑ totū mensem marcij
continuando sic predicta solacia multa enim animalia i hu
iusmodi venacionibus capiunt et infinite aues qm̄ ex sta
tuto regis in omnibus ꝓuincijs circa ꝓuinciā cathay ad
viginti dietas nulli marcatoꝛi artifici populari ciui aut ru
stico venaticos canes aut aues venaticas licitū est tenere.
Insup nulli magno aut puo venari licet a principio mar
cij vsq; ad mensem octobꝛis neq; mō aliquo vel ingenio li
cet eis capere capꝛeas dāmulas ceruos aut lepoꝛes vel hu
iusmodi animalia siluestria Si quis autem contrariū pꝛe
sumeret puniretur ꝓpter qō sepe lepoꝛes dāmule aut alia
animalia huiusmodi iuxta homines transeunt et nullus ca
pere audet Post hec reuertit̄ rex cum vniuerso comitatu
suo ad ciuitatē. Zambalu ꝑ eandē viam vnde ad planicie
iuerat aues et animalia capiendo Et cū ad ciuitatem pꝛe
nerit curiam maximā et iocundissimam tenet in suo regali
pallacio Deinde qui ad hoc vocati fuerit ad ꝓpꝛia reuer
tuntur.

De moneta magni kaam inextimabili copia diuiciarū
Capitulū xxj

Moneta magni kaam hoc mō fit de corticibus arboris mori accipiūt cortices medianos qui cōficiūt et consolidātur vt folia de papiro deinde p pticulas magnas τ p uas ad denarioꝛ similitudinē incidūt τ impmūt eis signa varia iuxta q̃ huiusmodi pecunia ē valitura valet āt puus denarius ad valorē vel pciū pui turonenƀ alius maior ad valorē dimidij grossi Tercius ascendit ad duos venetos. Alius ad quinq₃ alius vo ad decē De hac igitur pecunia facit rex fieri in copia maxima in citate Cambalu Nulliq₃ pena mortis in omniƀ9 fere regnis sue iurisdictioni subditis monetā aliā facere aut expendere licitū est aut hāc recusare Nullus eciā de alijs regnis intra terras magni kaam monetā aliā potest expēdere Soli aūt regis officiales monetā hanc faciunt de regis mādato Sepissime vero negociatores de diūsis regionibus veniētes Cābalu deferunt aurū et argentū margaritas et lapides pciosas q̃ oia rex p suos officiales emi facit et de sua moneta solui facit Si āt negociatores sūt de extraneis regioniƀ9 vbi hec nō currit moneta quātocius cōmutāt in marcancias alias τ ad suas deferunt regiones ꝓpter qd ipa moneta a nullis marcatoribus recusaꝑ Insup eciā sepe ipe rex mandat in Cābalu vt quicūq₃ aurū et argentū et lapides preciosos habent suis officialibus q̃cicius habere studeant et eis de moneta illa secundū extimacionē debitā prouidetur q̃ absq₃ dilacione sine eoꝛ detrimento fit sicq₃ indempnitati cauetur. Et rex potest p hunc modū thezauros infinitos τ mirabiles cōgregare De hac pecunia suis officialibus stipendia tribuit et quicquid pro curia necessariū emitur Infinitā ergo pecuniā pro nichilo habeat et in hunc modū manifeste apparet q̃ magnus kaam in expensis diuicijs et thezauris vniuersos mundi principes sup̄are potest Nam oporꝫ

tet oēs a curia eius monetā emere q̄ ita cōtinue cust͡oditur
vt indeficienter ad omnes qui eam emere volunt habundantissime diffundatur

De xij p̄fectis p̄uinciarū et officio ac pallacio eorum
Capitulū xxij

Habet magnꝰ kaam barones duodecim qui xxxiiij p̄
uincijs sūt p̄fecti quoꝝ est officiū eligere dn̄os rectōres
et officiales in p̄uincijs memoratis et earū ciuitatibꝰ Habet eciā reges q̄ exercitibꝰ de locis vbi hitare ān̄uati debeant p̄uidentes oia q̄ disponūt regi insinuare dn̄t et ille sua
aūcte c̄firmat que illi dixerīt statuent vocāt eni seycug. i. officiales curie maioris hij multas grās multaqꝝ bn̄ficia multis ꝑferre pn̄t ꝓpter q̄d i magno hōre bn̄tur a pplīs Hoꝝ
hitacio in magno pallacio ē in citate. Cābalu eoꝝ officio
deputata vbi sūt p̄ eis et officialibus ac eoꝝ mīstris aule
camere et cetere p̄ eoꝝ cōmodo et officio Habent aūt assessores iudices et notarios et in consulendo et scribendo
eoꝝ mandatis et officio suffragāt

De cursoribus magni kaā et de multitudine et ordine māsionū p̄ ipoꝝ recepcione   Capitulū xxiij

In exitu citatis Cābalu sūt vndiqꝝ vie multe p̄ quas
it ad p̄uincias p̄uicinas In vnaqāqꝝ via regia ad xxv
miliaria inueīt vna māsio in q̄ pallacia p̄īma sūt vbi receptant nūcij magni kaā inde tn̄situ facientes vocāt āt māsiones iste laubi. i. māsiones equoꝝ In illis hospicijs lecti sn̄t
τ cūcta q̄ p̄ recepcōe viatoꝝ oportūa sūt Sūt eciā ibi equi
regis tricenti aut. cccc. qui p̄ regis nūcijs parti sūt Sic igit̄
p̄ oēs vias regias inueīt vsqꝝ i vltimos fines p̄uinciarū cōfiniū ita q̄ in vniuerso sūt pallacia et hospicia huiusmōi circa. x. milia Equi āt hijs māsionibꝰ deputata sunt vltra. cc
milia In multis eciā locis siluestribꝰ vbi non ē habitacio

hominū sūt māsiones huiusmodi quarū vna ibi altera proxima est ad miliaria xxxv. aut quadraginta cū omnibus aūt equis et custodibus ad hoc deputatis De annona τ expēsis omnibus p ciuitates et castra in quoꝝ sunt confinio integraliter, puidetur hijs et q̄ sunt in māsionibus cuiuscūq̃ deserti p regis curia, puidet Igitur nūcij qui in equis currunt ad regis imperiū ad noua aliqua deferenda currunt in die p miliaria ducenta aut tricenta hoc mō duo simul in equis currūt qui fortiter sibi ventrē et capita ligāt cursūq̃ ꝑtinuāt. quantū p̄nt equi pdurare Et cū pueniunt ad aliquā de mansionibus p̄dictis equos alios sibi recipiunt fessos q̃ dimittūt statimq̃ cū equis alijs velocit̄ currūt et sic equos alt̄nati oī custodia et tota die cursū ꝑtinuāt. Et sic ad magnū iter a remotis ꝑtibꝰ velocit̄ deferūt τ māda ta eius ad remota loca cū magna festinacōe portāt In ter māsiones āt pocās sūt hitaciones alie spacio triū miliaꝝ distantes ad inuicē vbi sūt domꝰ pauce ī quibus cursores pedites imorāt quoꝝ quilibet h̄ cinctoriū grossis bullis. i. sonalijs sonātibꝰ circūquaq̃ repletū quas bullas sonacula vel sonalia dicimꝰ Cū igit̄ wlt lr̄as mittere p cursores dant̄ lr̄e vni ex hijs cursoribus qui velocit̄ currit ad mansionē p̄rimā vbi sūt cursores alij p̄parati Cū āt qui ī vicina custodia sūt venientis cursoris sonitū audiūt vnꝰ eorū sine mora p̄parat et de manu venientis lr̄as accipit et a notario loci testimoniale signū in cedula et currit vt p̄riꝰ vsq̃ ad alterā mansionē sicq̃ cursores alternant p loca sin gula vsq̃ ad locū quo sūt reg̃l lr̄e deferende In hūc igitur modū ī breui tp̄e magni itineris spaciū expedit̄ Q̄ nq̃ eci am rex infra diē et noctē noua et recētes frcꝰ de spacio di erū decē recipit Des āt p̄noiāti cursores exempti sunt p regē ab omni solucione tributi et insup a regis curia optimā mercedem recipiunt

De puidencia regia ad obuiādū sterilitatis et caristie tēporibꝰ et de pietate eiꝰ ad sbditos egētes Caplm xxiiij

Singulis ānis kaam suos nūcios ꝓuincijs sbiectis sībi dirigit vt inquirāt si qua regio occasione locustaꝝ vermiū seu cuiuscūqꝫ sterilitatis aut pestis illo āno pdidit blada sua Cū āt rex detrmentū huiusmōi ex ꝓuincia vel citate aliq̃ sibi fuerit intimatū illi regioni ānī illius t̄buta remittit facit eciā illuc de suis horreis blada deferri q̃tū est necessariū ꝑ victualibꝰ et semēto Tpibꝰ vbertatis magne emit rex copiosissīe blada multa que ī suis horreis ꝑ ānos tres vel q̃tuor huāt̄ ꝓuide ne putrescāt sic qꝫ de oī alio blado sollicite ꝓuidet vt sp reg̃ horrea plena sint vt possit iodigentibꝰ sterilitatis tp̄e ꝓuidere Cū āt blada regis in ħ casu vendūt̄ tm̄ ꝑciūt de q̃tuor mesuris ab emētibꝰ q̃tū ab alijs vendētibꝰ de areci mesura accipit̄ Silit̄ āt qn epidimia fuerit aīaliū remittit Huiusmōi dāpna pacientibꝰ āni t̄butū maius aut minꝰ iux qd fuerit detrimentū quibꝰ eciā vendi facit de suis gregibꝰ ac armētis In principalioribꝰ vijs ꝑ ꝓuinciā cathay et ꝑ ꝓuicias adiacētes facit rex plātare arbores ī distācia modica ab iuicē vt ne viatores a via rc̄a aberrare ꝑtigat Nā ꝑ metas huiusmōi dirigūt̄ Facit eciā opꝰ aliō laude n̄ modica dignū Notariqꝫ scīt numeꝝ familiariū et noīa eoꝝ ī citate Cābalu q̃ blada nō colligūt nec sibi emere pnt q̃ sūt m̃lti valde quibꝫ oībꝰ blada p totū ānū ncc̄ia de suis horreis dari scīt ānis singul̃ Panis eciā nulli petēti ī sua curia denegat̄ Neqꝫ t toto āno dies ē in q̃ ad petendū pane mares et feīe paupes vltra .xxx. milia nō accedāt Et qꝫ nulli paupi negat̄ panis magnꝰ kaā q̃tōs a paupibꝰ hōratur

De pocōe que ī ꝓuicia cathay sit loco vini Capl̃ꝫ xxv

In ꝓuicia Cathay loco vini fit pocio de riso et de diūsis aromatibꝰ que clara ē valde et vini suauitatē excedit facitqꝫ bibentes ex ea facilius iebriari q̃ vinū

⸿ De lapidibus q̃ ardent vt ligna ⸿ Capitulū xxvi

$\mathfrak{P}$er totā ꝓuinciā Cathay iueniūt quidā lapides nigri qui de mōtibꝰ excidūt ⁊ missi i igné ardēt vt ligna diuq̃ igné buāt cū accensi fuerīt. Nā si accendāt sero p̃ totā nocte igné buabūt et q̃uis i ipa ꝓuincia ligna multa sūt multi tn̄ illis vtunt lapidibus q̃ ligna carioꝛa sunt.

⸿ De flumie magno pulchanchymet et de pulcherrimo pōte ⸿ Capitulū xxvij

$\mathfrak{E}$xpeditis bijs que de ꝓuincia Cathay et citate Cābula atq̃ de magni kaam magnificécia ad p̃ns curaui describere. Nūc ad describendas regiones finitiuas accedamꝰ breuitꝰ. Quodā tpe mgnꝰ rex kaā me marcū ad ptes remotas p̃ quodā sui iperij negocio destinauit Ego at de citate Cābalu iter arripiens mensibꝰ aliquibꝰ i itinere fui Jdo que i via illa eūdo et r̃ deūdo reppi declarabo Post receisū a cābalu p̃ miliaria decé quidā magnꝰ fluuiꝰ ieuīt q̃ dr̃ pulsanchim q̃ ad mare occeanū t̃minat Per hūc fluuiū naues multe cū marcacōibꝰ maxis reducūt Ibi est pōs marmoꝛeꝰ valde pulcher bn̄s i longitudie passus .ccc. et latitudis magne p̃ quā milites collaterales decé ire simꝉ pn̄t p̃ ipius latū. Hz̃ vo pōs arcꝰ xxiiij et in aq̃ totidé pilas marmoꝛeas Coꝛtina vo pōtis siue murꝰ in latere talis est. Jn pōtis capite ex latere é colūpna vna marmoꝛea bn̄s p̃ vase leoné vnū marmoꝛeū vltra quā colūpnā ad spaciū passus vniꝰ é colūpna alia duos similiter leones marmoꝛeos bn̄s vt p̃. Int colūpnas vo duas coꝛtina marmoꝛea é coloris grisei et sic pcediť ex ābabus lateribꝰ pōtis a pn̄cipio vsq̃ ad finé eiꝰ. Ita vt p̃ hūc modū sint ibi leones marmoꝛei vndiq̃ mille cc ꝓpt qd̃ pōs ille pulcher é et sūptuosus vltra modū

⸿ Quedā descripcō ptis ꝓuicie cathay ⸿ Capitulū xxviij

Cum vero ponté pcedit̃ p milaria xxx. inueniũt̃ ꝯ
tinue pallacia pulchra multa et alie domꝰ pulchre et
agri fertiles Terminatis xxx. miliaribus inuenit̃ ciuitas
gyn magna et pulchra Ibi multa sunt monasteria ydolo
rũ Ibi eciã fiũt pãni optimi aurei et serici et syndones op
timi Sũt eciã ibi ꝓ viatoribus hospicia cõmunia multa.
Ciues cõiter artifices et mercatores sunt Ultra ciuitatẽ
hanc ad vnũ miliare due vie sunt quarũ vna transit p ꝓui
ciã Cathay. altera vero ad circiũ sita ducit ad mare p regi
onẽ mangu Per ꝓuinciã aũt Cathay itur p plagã aliam
p dietas decem ⁊ cõtinue repiũtr ciuitates et castra Ibi
multi sũt agri optimi et viridaria pulchra valde mltiq̃ ne
gociatores sũt ibi et artifices. homines ãt regionis illius
domestici sũt valde et affabiles

De regno Canfu Capitulũ xxix
Post dietas decẽ a ciuitate gyn inuenit̃ regnũ Canfu
magnũ et pulchrũ vbi vince multe sunt In tota ꝓui
cia cathay vinũ non crescit sed de hac regione fertur illuc
ibi sũt mora multa ꝓpter sericũ de quo copia maxima ibi
est Ibi marcaciones magne fiunt multi artifices ibi sunt
siũtq̃ ibi arma multa p exercitibꝰ magni kaam Inde vo
ꝓgredientes p septẽ dietas ad occidentalẽ plagã inuenit̃
cõtinue regio pulchra castra multa ⁊ pulcherrime citates
Ibi negociacões fiũt maxime vltra septẽ dietas pdictas
inuenit̃ ciuitas pyanfu grandis valde et magnarũ opium
vbi est serici maxima copia

De castro Caycui ⁊ q̃liter rex eius est captus et pditorie
fuit oblatus hosti suo qui dicit̃ p̃sbiter iohẽs Capitu
lum xxx
Ultra vero ciuitatẽ pyanfu ad dietas duas est castrũ
pulcherrimũ Caycui qd̃ edificauit quidã dariꝰ noie

qui hostis fuit magni regis qui presbiter iohānes dicebat̄ ꝓpter loci fortitudinē a rege illo parū dampnificari poterat darius rex ille sup quo presbiter iohēs vehemēter tristabatur q̄ p vim illum regē superare nō poterat In curia āt ipius inuēti sūt iuuenes septē qui ex cōdicto ꝓmiserunt se ad eū captiuū dariū regē supra dictū adducere quibus ipe magna ꝓmisit si promissa producerent ad effcm̄. Qui simulata cā discedentes ab eo darij curiā accesserūt eius se obsequijs offerētes qui eoꝝ calliditati aduertere nescies in sui eos suscepit obsequiū ⁊ p duos ānos cordis maliciā nequiuerūt pficere Cū igitur rex de ipis iā cōfideret quadā die illis assūptis cū paucis alijs extra castra p miliare v nū solacij grā equitauit tūcq̄ pditores illi hora aduenisse cernētes excogitate malicie euaginatis sup cū gladijs ipz ceperūt et captiuū duxerūt ad presbiterū iohānē vt ei fraudulenta fide ꝓmiserūt qui letatus est valde et in sue magnificencie signū fecit eū ad aialiū custodiā deputari et optime custodiri Post duos āt annos quibus cū pastoribus fuerat iussit eū rex corā se adduci i regio apparatu dixitq̄ illi Nūc expimento discere potuisti q̄ tua potencia nil est qn̄ te in tuo regno capi feci et p duos annos te cū pecoribz deputaui possemq̄ te si vellem occidere nullus q̄ mortalium de manu mea te posset eripere Ille aūt hec oia est cōfessus Tūc rex iohēs ait Ex quo respcū mei te nil ee ꝓ ore cōfiteris et nūc volo te amicū brē et p victoria sufficit in q̄ te occidere potuissem Tradiditq̄ illi equos et socios qui eū ad suū castrū cū hōrē duxerūt Ille autē q̄ diu vix̄ pbro iohāni hōrē exhibuit et i quibuscūq̄ voluit obediuit

De flumine magno Caromorā   Capitulū xxxi.
In ꝓgressu āt vie vltra castꝝ Cyacui ad miliaria xx inuenit̄ flumen Caromorā sup quo pons nullus est ꝓpter nimiā eius latitudinē Est eciā valde ꝓfundū prote

dis vero vsq3 ad occeanū mare Sup flumine hoc sūt mlte ciuitates et castra in quib' maxime mercacōes fiūt In regione circa flumen vndiq3 crescit 3in3iber in copia magna Sericū iueniř ibi habūdantissie Tāta est eciā ibi auiū mťtitudo qd é admirabile valde Ibi eni tres fasiani dātur p nūmo argēteo vno qui ad viii° veneti valoṛe ascēdit Post dietas duas vltra fluuiū iueniř nobil'citas Cyāfu Ābi é sericū in copia maxima. fiūt ibi pāni de auro et serico Ōes aūt incole loci et tocius puincie Cathay ydolatre sunt

¶ De ciuitate quingyanfu   ¶ Capitulū xxxij

Einde autē ad octo dietas inueniūr ciuitates opida agri pulcherrimi et viridaria multa et ppter sericū infinite arbores mori boies āt ydolatre sūt. Nenacōnes ibi sūt magne bestiarū et auiū Post dietas octo iueniř citas magna quingianfu q̄ est regni quyngianfu caput qd regnū fuerat oli opulentū et nobile Ibi rex est filius magni kaā noïe māgla Ibi est serici copia maxiā et oia q̄ p vita hois necessaria sūt Fiūtq3 ibi mercacōes maxie ppls āt terre y dolatre sūt Extra ciuitatē māgla est regale palaciū in planicie bn̄s muros multos in gyro quorū circuitus ptendiř ad miliaria quīq3 intra murū illū fluia lacus et fontes sūt In platea media ciuitatis pallaciū é pulcherrimū totū interi⁹ deauratū. Circa murū pfatū regis exercit⁹ moraŕ q̄ circa venacōes z capturas auiū i regione illa plimū delcať

¶ De puincia chym   ¶ Capitulū xxxiij.

Inde vero scilicet a predicto pallacio discedentes vadunt per pulchram planiciem tribus diebus vbi sunt plures citates z castra z mercacōes magne sericū āt bn̄da tissie bn̄t Trib⁹ vo pdcis dieb⁹ ťminaŕ iueniř regio mōtuosa z iť mōtes valles mgne st vbi citates z castra mlta Si

militer et in montibꝰ ciuitates et castra Et sūt de ꝑuincia
dcā Chym. homines illius regionis ydolatre sunt ⁊ terre
cultores Sūt eciā venatores magni ꝑ eo ꝙ in illa regione
multa aialia siluestria sūt.s. leones vrsi cerui dāmule et caꝑ
oli et alie diuerse spēs bestiarū ꝑtenditur aūt regio ꝑfata
ad xx dietas et viatores ꝑ mōtes et valles et nemora tran
seūt multe āt ciuitates et bitacōes repiūt ⁊ hospicia optiā

De ꝑuincia achalech mangij   Capitulū xxxiiij

Ost xx. dietas predcās inuenit ciuitas achalech mā
gij q̄ cōfinis est ꝑuincie mangij hec ꝑuincia in tribꝰ
primis dietis planiciē habet vltra quas tres dietas postea
mōtes magni sūt et valles maxime ac nemora multa ꝑten
ditur ꝑuincia hec ad dietas xx. h̄ns multas ciuitates et o
pida Incole regionis illius ydolatre sunt ⁊ negociatores
et artifices cultores terre et optimi viatores Ibi enim sūt
leones et vrsi et cerui dāmule caprioli lincei ⁊ bestie ille de
quibus muscatū bētur vt supradictū est. In hac ꝑuincia
crescit in magna copia triticū Risū ibi ecia copiosissiē bēt

De ꝑuincia syndyfu   Capitulū xxxv.

Ernimata via dietarū xx ꝑocarum inuenit in plani
cie ꝑuincia syndyfu q̄ est similit̃ confinis mangij Cu
ius principalior ciuitas dicitur syndyfu Hec ciuitas olim
magna et opulentissima fuit Cuiꝰ circuitus xx. miliaria ꝑ
tinebat habebat aūt regē potentē et ditissimū Cui erant
filij tres Qui patri succedētes in regno ipm trifariā diui
serunt Et ciuitatē in tres ptes diuisam ptes singulas val
lauerunt muris q̄ tn̄ oīs infra porē continebant murum
Magnus aūt kaam ciuitatē acquisiuit et regnū ꝑ huiꝰ ci
uitatis mediū trāsit fluuiꝰ quanfu qui latus est ꝑ dimidiū
miliare ꝑfundus est ecia valde et multi capiuntur pisces i
eo. Sup fluuiū illū multe ciuitates sūt et opida Nā vsqꝫ

ad mare occeanū per xxx. dietas extēditur Nauium au
tem et marcationū tñ sit per eū inumera m̄ltitudo adeo vt
vix credi narrantibz queat nisi hō ꝓꝓrio cerneret intuitu
In ciuitate syndifu pons est super ipm flumē lapideꝰ cuiꝰ
longitudo est ꝑ dimidium miliare latitudo vo ipiꝰ est oc
to passuum Est āt totꝰ cooptꝰ dꝶ sup cooptura lignea no
bilissime depicta que colūpnis marmoreis sustentat̄ Su
per pontem hūc sunt domūcule siue staciones lignee mul
te ꝑo operarijs arciū diuersaꝝ q̄ erigūtur mane sero autē
deponūtur aut ꝯplicātur Est eciā domꝰ altera maior vbi
manent regis officiales qui pedagia et vectigalia ꝑ rege ī
posita recipiunt qui ascendunt diebz singulis vt fertur ad
valorem mille bisanciū aureoꝝ huiꝰ regionis hoies ydola
tre sunt vlteriꝰ āt ꝑcedentes ꝑ dietas quinqȝ ꝑ quādā pla
niciem inueniūtur castra et ville m̄lte vbi sūt syndones in
copia maxima Ibi eciam sunt aīalia siluestria multa

De ꝓuincia thebeth Capl̄z tricesimūsextum

Transactis āt pfatis quinqȝ diebz inuenitur ꝓuinci
a thebeth quā magnꝰ kaam ꝑliando et expugnādo
deuastauit M̄lte enim ciuitates sunt ibi destructe et cas
tra dirupta ꝑtenditur āt in longū ꝓuincia per dietas xx.
et q̄ sic est in solitudinē redacta oportz vtꝗȝ viginti dietas
viatores ōms victualia secū ferant Insup qȝ habitatoribȝ
caret siluestres fere sup modum ibi multiplicate sunt ꝓꝓt
qō piculum magnū valde ē inde tñ situ facere ⁊ maxiē de
nocte Habent tñ marcatores et viatores ceteri tale reme
dium Regio illa m̄ltas habet cānas seu arūdines quaꝝ v
na coir est longitudinis quinqȝ passuum grossicies vero eiꝰ
est tribz palmis in giro Inter duos collerales nodos arū
dinis trium palmoꝝ distācia est Cū igit̄ nocte volūt qui
escere viatores de arundinibus illis viridibȝ fasces mag
nos ꝯponunt quibz vt ardeant tota nocte ignē ſbiciunt et

f i

cū aliquātulū calefacte huc illucqz fortissiē torquentur atqz scindūtur τ sic ita fortissiē crepitant vt eoȝ fragoȝ et strepitus ad plura milia audiatur Cū āt siluestres fere audiūt illum tribilem sonitum tanto stupore ac pauore seu tremore pauescunt qɔ cōfestim fugā arripiūt quousqȝ ad locū perueniunt vbi sonitus ille tribil' ab ipis non audit̄ Sic igit̄ nocte euadūt marcatoȝes a bestijs nisi eni sibi de tali r̄medio puidissent null' ibi posset euadere in noctibus p̄ multitudine bestiaȝ siluestriū Noies āt qn prius huiusmodi strepitū audiunt mag? cōcuciuntur t̄roȝe Equi v̄o et animalia viatoȝ anq̄ ad hūc strepitū assuescant sic vehementer timent q̄ statim fugā arripiunt et per hūc modū multi m̄catores min' puidi mlta iam aiālia pdidert̄ Oportȝ igitur vt equi prius per pedes singulos caute diligentissiē cō pedibus alligentur qn̄qȝ vincula rūpunt τ fugiunt audito fragoȝe arūdinū nisi fuerint p̄us cū magna diligencia alligati

De regione alia puincie thebeth et de quadā turpi cōsuetudine Capitulum xxxvij

Post tm̄inū xx. dietaȝ puincie thebeth inueniūt castra multa et ville multe vbi est absurda et valde detestabilis qdam abusio pueniens ex ydolatria cecitate In r̄gione illa nullus vir vult accipe vxoȝe vginē ꝯ requirit qlibet in ea quā vult accipe cōiugem vt pri' a viris pluribȝ sit cognita dicunt eni mulierem aliter nō esse aptam cōiugio Cū eni m̄catoȝes vel quicūqȝ alij viatoȝes p regionē illam trn̄situm facientes iuxta opida p̄dicta aut villas sua tabernacula cōposuerunt mulieres que filias habent matrimonio copulandas ducunt eas illac numero xx. vel xxx. aut xl. iuxta paucitatē vel multitudinem m̄catoȝ rogantes vt quilibet eoȝ vnam sibi de illis filiabus capiat et in suo consoȝcio teneat q̄ diu habeat ibi imoȝari Illi āt quas voluīt eligunt sibi et secū ꝯtinue retinent quousqȝ ibi mansuri sūt

Cum vero discedunt nullam earum secum discedere pmittunt ſs oportet vt parentibus eas restituant. Quilibet aūt puelle quā tenuit donare tenet aliqd iocale vt habeat puella per huiusmodi iocalia euidēs argumētū q̃ viribȝ plurimis g̃ta extiterat vt sic posset facilius et nobiliꝰ maritari Cum āt puelle predicte in ornatu et habitu apparere volunt omnia huiusmōi iocalia sibi a viatoribus data ad collum deferunt ac ostendūt quo viatoribus seruierūt g̃ciose et que plura huiusmōi signa ad collum habent iudicantur meliores et faciliꝰ maritātur Igitur cū nupte fuerit viris suis sunt valde grate non pmittūtur vlteriꝰ viris alijs forēsibus siue domesticis adherere. Multūqȝ cauent viri regionis illius ne in hac re alterutȝ offendāt se. Huiꝰ regiois habitatores ydolatre sunt nec pccm̄ reputāt pdari ⁊ latrocinia exercere. De fructibꝰ āt terre et de negociacoibꝰ viuunt. In hac regione multa sūt aiālia que muscatū faciunt et dn̄t gudderi. Habent āt incole loci canes venaticos mltos qui ipa aiālia capiunt ꝓpter quod de musco bn̄t copiam induuntur corio et pellibus bestiaꝝ aut buchirano vl canapacio rudi. linguā ꝓpriam bn̄t similiter et monetam Et ad ꝓuinciā thebeth ptinent et sunt cōfines magne ꝓuincie mangy. Hec enī ꝓuincia thebeth latissima est et in octo regna diuiditur. Vltas habet ciuitates ⁊ opida mōtuosa est valde ⁊ lacus habet ⁊ flumiā in quibȝ inuenit̃ aurum qd dicitur de payollo. Ibi est corallum qd ꝓ moneta habent qd caro pcio emitur eo q̃ oīs femīe regionis illiꝰ corallū ad colla deferunt ⁊ oibus ydolis suis similit̃ corallum ad colla appendūt hoc enī ad magnā gloriā reputāt In hac r̃gioē thebeth sunt canes maxi velut asini q̃ siluestres capiūt bestias. aliosȝ canes bn̄t venaticos diuſaꝝ manerierum falcones lanerij siue herodij multi et optimi sūt ibi ⁊c̃. Item in hac ꝓuincia cyna

momum et aloe aromatice spés alie habent ibi copiose q̃
non deferuntur ad nos nec in nr̃is ptibus vise sũt Ibi fiũt
sambelotti multi alijq3 pãni de auro et serico Tota ãt p̃o
uincia hec est subiecta magno kaam

De p̃uincia cayndu Cap̃lm xxxviij

PEr p̃uinciam thebeth post inuenit̃ p̃uincia cayndu
ad occidentem q̃ regẽ habet z est subdita magno kaam Ibi sunt ciuitates multe et castra Ibi est lacus i qua
margarite in copia tãta sunt q̃ si magnus kaam libere eas
capi et exportare p̃mitteret valde eaz̃ vilesceret p̃ciũ p m̃l
titud inenimia Sed magnus kaam non p̃mittit vt libere
capiant̃ Si quis ãt sine licencia regis ad margaritas pis-
cari p̃sumeret occideretur In hac p̃uincia sunt in magna
m̃ltitudine gudderi ex quibus muscatum b̃etur. Ibi eñ
sunt pisces in maxima copia in lacu .s. vbi sunt margarite
Ibi eciam leones multi sũt vrsi cerui dãmule lincei caprioli in multitudine magna valde Ibi sunt volucres m̃lta-
rum spez̃ habũdantissime Ibi vinũ non crescit nec vinee
ibi sũt ſs de tritico et riso et diuerb̃ spẽbus vinũ optimũ faci
unt Ibi sũt garofili i copia maxiã qui colligunt ex arbus-
culis puulis bñtib3 ramusculos puulos florẽ albũ faciunt
et puum sicut est garofali granũ Est eciã ibi zinziber ha
bundanẽt valde Similiter et cynamomũ alieq3 spẽs m̃lte
aromatice ibi sunt q̃ ad regiones nr̃as nõ deferuntur In
hui⁹ p̃uincie montib3 inueniuntur lapides q̃ thurchisi d̃ñr
pulchri valde et in copia maxiã quos sine licencia magni
kaam nulli licitum est excauare Incole hui⁹ p̃uincie ydo
latre sunt Sunt ãt viri a suis ydolis tõliter dementati vt
credant se eorum g̃ciam p̃mereri si vxores p̃pas et filias
viatorib3 tradant N̄am qñ viator quicunq3 p eos tr̃isit et
ad domũ cuiusdã diuertit cõfestim dñs dom⁹ cõuocãs vx
orem filias et mulieres ceteras quas i dõ habet mãdat vt
hospiti et socijs p̃ omnia pareant fc̃o ħ mandato discedit

et peregrinum illū cū socijs dimittit in domo ppa vt dnm neqȝ āt redire psumit donec ille voluerit ibi morari. Peregriñ9 igitur ille capellum suū aut signū aliqd fores domus appendit cū dn̄s dom9 redire vult putans illū forsitā discessisse si signū an̄ ianuā viderit retrocedit statim vn̄ peregrinus ille duob3 vel tribus diebus i morari pt Hec āt ceca et detestāda abusio per totā puinciā cayndu obs̄uatur ab ōnib3 Nec vllus sibi B ad vituperiū reputat co q̄ B faciunt p suor deor honore Creduntqȝ ob hāc benignitatem quam viatoribus exhibent a dijs suis terrenor fructuum obtinere habundāciā mercari Monetā vo i hunc modum habent vgulas aureas s̄ certo pōdere faciunt q̄s pro pecunia expendunt et iuxta pōd9 virgule est pcium eius et hec est moneta maior Minor vo talis est Sal in caldaria coquūt q̄d postea in formella proiciūt vbi cōsolidāt ⁊ talem monetā expendunt Octuaginta eñi de hijs denarijs signum vnū aureum faciunt in valore Post B itur ad dietas decem et inueniuntur in via illa castra et vici multi vbi sunt per ōnia consuetudines puincie cayndu In hoc flumiē inuenitur magna copia auri q̄d dicit payolo Sup vero crepitudinem fluminis cynamomū copiosissime crescit et flumen ad mare occeanum eminatur

De puincia cayrayam Caplm xxxix.

Post trñsitum pdicti fluuis statim intratur prouincia carayam q̄ ptinet septē regna Est aūt subiecta dn̄io magni kaam vbi ē rex fili9 cublay noiē Esencenyr vir prudens et strennuus potens et ditissim9 ⁊ optime in suo regno seruat iusticiam Habitatores aūt patrie ydolatre sunt Procedendo vo vlterius vltra flumen p dietas quinqȝ i ueniuntur ciuitates multe et castra In ipa aūt regioē nascuntur equi optimi Ibi est lingua ppria grauis et difficil' valde Post quinqȝ dietas pfatas inuenitur principalior

f 3

regni ciuitas noīe xacij nobilis ac mangna vbi negociatio
nes magne fiunt et plime Ibi habitant xpiani nestorini et
pauci multi aūt de hijs qui machomettū adorāt ibi triticū
et risum in magṇ copia bētur. sed triticeū non cōmedūt pa
nem quia ibi non est san⁹ huiusmoi panis de risu aūt panē
faciunt Faciunt eciā de diuerṣ spēbȝ potionē q̄ facilius in
ebriari facit q̄ vinum Loco monete expendūt pocellanas
albas que reperiunt Octuaginta āt de ipis dantur pro v⁹
sagyo argenti qd̄ ad valorē duoȝ venatoȝ ascendit Octo
vero sagia argenti ascendunt ad valorē vni⁹ sagij auri In
hac ciuitate fit de aqua puteali sal i copia maxima de quo
rex magnos habet quest⁹ In bac āt regione est locus ha
bens in giro miliaria centū in quo pisces magni et optimi
capiunt quos homines in regione illa hoc mō māducant
Primo eos minutatim terūt postea in saporē optime con
fectum ex alijs plurimis et optimis speciebȝ ponūt poste
a comedunt vt apud nos cocte comedunt

De regione q̄dam carayam in qua sapientes sunt Capi
tulum xl.

Post discessū a ciuitate iacij p x. dietas pcceditur ad pro
uinciam carayā vbi rex est cogatuy filius regi̅ cublay Ibi
inuenitur mltum de auro qd̄ dicitur de payolo quod hēt
de flumibȝ In alijs āt lacunis et montibȝ inuenit aurum
grossi⁹ q̄ sit auȝ de payolo Datur eni de ipo vni⁹ auri sa
gium p sex sagijs de argēto Moneta de porcellanis hn̄t
de quibȝ superius dcm est q̄ de india deferunt Hoīes illi
us regionis sunt ydolatre In hac regioē inueniunt serpen
tes magni valde multi ex eis sunt dece passuū longitudis
ȝ grossitudinis xiiij. palmoȝ in circuitu ptinent. habet āt
quilibet illoȝ magnoȝ serpentū iuxta caput crura duo carē
cia pedib⁹ ṣ iuxta pedem habet vngulā vnā ad modū leo
num vnguli falconis caput valde magnū habet Oculi eius

sūt p̄grādes veluti duo panes Os hz tāte magnitudīs q̄
vnum hominē de facili deglutiret dentes habz maximos
Et quia ita tribil'ē serpens ille null9 homo est qui non pa
ueat appropinquare illi s̱ eciam aialia q̄q̄ agrestia timent
illum Mod9 quo a venatoribz capit̄ talis est Serpēs p̄=
dictus de die in cauernis sōterraneis latitat p̄pter estū de
nocte v̄o egrediens circuit querēs bestias ad deuorandū
vadit ad cor̄ cubilia vbi leones, vrsi seu animalia huiusmo
di habitant et comedit magnas et puas Nam nl'la bestia i
sultum ei9 et fortitudinē sustinere pt post comestionē reuer
titur ad cauernam p̄priam Est āt ibi trāsitoriū zabulosum
et cū ille p zabulū reptat fortissime se iactat in zabula et q̄
sic ponderos9 est et gross9 fossas i zabulo adeo magnas z
grossas cū pectore z vētre facit vt vidētur reges magna vi
no plena per zabulum volutata. venatores igit̄ de die sub
zabulo palos multos z fortes huc illucq̄ p̱ planicie figunt
in quor̄ sūmitatibz sūt gladij calibi firmit̄ infixi acuti val=
de quos postmodū operiunt zabulo vt a serpente videri
non possint Cū igit̄ de nocte trāsitū inde facit sup̄ zabulū
solito more se iactat z in ferrū absconditū et acutū pectore
p̄siliens et inpingēs aut stati moritur aut g̱uissime vulne=
ratur tūc venatores superuenientes ipm̄ si adhuc viuit occi
dunt Et p̄mo fel ip̄i9 extrahunt quod p̄cio mag.o vendūt
eo q̄ est medicinale valde Si quis eni morsū patitur ca=
nis rabidi modicū de ipo bibens ad pōdus scz vn9 dena=
rij puuli plene liberabitur Mulier eciā in p̄tus doloribus
constituta modicū sumens ex eo expeditur a p̄tū Qui eci
am apostema patitur aliq̄ quod si ifirmitat̄ locū pungit i
paucis diebz p̄fecte curatur Carnes āt serpentis similit̄ vē
dunt q̄z in cibum optime sūt et libenter ab homibz comedū
tur In hac p̱uincia multi et optimi equi nascuntur qui a
negociatoribus ducuntur in indiam Dibz aūt eq̄s nodos
duos aut tres de osse cauder extrahunt ne equ9 currēs eius

dem cauda feriat qui cum cauda huc illucz torqueat dum
currit qm hoc in equo turpissimũ reputatur Equites huius patrie sirpis vtuntur lõgis ad sellas vt apud nos faciunt gallici In bellis vtuntur coraciis de corio bubaloꝝ v
tuntur eciam scutis lanceis balistis et sagittas quas iaciũt
intoxicant Anq̃ cublay magnus kaam hãc ꝓuinciam ob
tinebat viri hui⁹ ꝓuincie huiuscemodi ré detestabilé facie
bant Qñ eni vir aliquis tñ sibat per eos alteri⁹ patrie decentis apparencie ⁊ bonoꝝ moꝝ qui prudens in vbis et in
actibus eius videretur si apud eos hospitabat̃ ipm nocte
occidebãt putantes ꝙ prudencia mores et ꝗ̃cie et aĩa eius
in domo illa postea remanebat ob quã causam mlti ibi oc
cisi sunt. ß magnus kaam postꝙ regnum ꝓfatum suo d̃nio
occupauit ac sibi subiugauit hanc impietatem et stulticiã
de illa patria penit⁹ extirpauit

De prouincia ardandam Caplm xli.

Qm vero ꝓceditur a ꝓuincia carayã ad dietas qui
  q̃ inuenitur ꝓuincia ardandam q̃ subiecta est mag
no kaam Cui⁹ nobilior vrbs dicitur vziam In hac ꝓuin
cia datur aurũ ad pondus vncia eni siue sagium auri con
mutatur pro quinqz vnciis siue sagiis argenteis Nõ eni ĩ
illis regionibz inuenitur argẽtum vsqz ad dietas mltas Iõ
q̃ ꝓueniunt illuc negociatores qui cũ eis aurũ ꝓ argẽto
ꝯmutant multũqz lucrãtur porcellanas eciã expendunt q̃
de yndia deferuntur Riso et carnibz vescunt vt plurimũ
pocioné optimã faciunt de riso ⁊ de aromatibus delicatis
Viri ⁊ mulieres regionis illi⁹ dentes cooptos deferũt sß
tilibz lammulqz aureis q̃ sic disposite sunt vt dentibz optié
captentur Viri oĩs militares sũt armis tnimõ et milicie
vacantes et venacioni bestiaꝝ ⁊ volucrũ Mulieres ãt cu
ius rei familiaris in omnibz gerunt habẽtqz suos empti-
cios qui eoꝝ obsequiis mãcipant̃ In hac ꝓuincia ꝯsuetu

do est vt qn̄ peperit mulier lectū q̄ cito p̱t dimittat et gub̄ nacioni dom⁹ intendat Vir āt ei⁹ xl. diebz in lecto discū bit et nati sibi filij curā gerit m̄r aūt pueri de illo nulla sol licitudinem habet nisi quia lac illi pb̄z Interi v̄o amici et p̄sanguinei virı visitant discūbentem Aiunt q̄ iō hoc faci unt qr mulier filium poztās et pariens lōgo tp̄e et g̱uit̄ la bozauit p̱pter q̓d c̱ueniens iudicant, vt diebz xl. a filij cu ra quiescat Ipa v̄o tn̄ cibum defert ad lc̄m In hac puin cia non sunt alia ydola nisi q̄ quelibet familia suū progeni tozem adozat eum a quo alij de familia nati sunt In locis valde siluestribus habitant vbi mōtes sunt maxi et nemo ra magna valde Ad mōtes illos nō accedunt aliqui alij de regionibz alijs qz ibi venire non possūt extranei p̱pter cozruptionem nimiam aeris lr̄is carent s̱ contract⁹ suos i cisuris faciunt quoz̓ medietatem ḇuat vn⁹ alius aliā q̄ p̱ modum cōposite i minutis signis c̱ueniunt In hac puin cia et in alijs duabus p̱uomiātis .f. caȳdou et caraȳa me dici nō sūt s̱ qn̄ quis isirmatur cōuocant suos magos qui ydola colunt quibz infirmi suas infirmitates expoūt tunc magi coream ordinant et instr̄a pulsant z ad ydoloz̓ suoz̓ honoz̓ magnas faciunt cantilenas ẖ āt tam diu faciūt do nec arripiatur a demoē vn⁹ ex ludentibus in corea Tunc corea dimissa iacentem crepticium c̱sulunt q̓ de causa ille patiaṯ quid p̱ ei⁹ liberacione agendū sit Demō āt per ar repticium dat rn̄sa dicens illū infirmatū qz illū vl' illum de um offendit magi āt ozant vt de⁹ ille de sanguine p̱pzio sa crificium offeret Si iudicat demon ex signis egritudis q̄ ille liberari non possit ait Ille tam g̱uiter deum illū offen dit q̄ p̱ nulla sacrificia placari possit Si aūt iudicat q̄ pos sint euadere dicit Opoztet vt tot arietes nigra bn̄tes capi ta illi deo offerat et tales faciat peticiones z cōuocz ad se tot magos et magas totidem per quoz̓ man⁹ sacrificium offerat et sic placabitur ei deus Tunc p̱sanguinei egroti il

li oīa faciunt qd iuſſit demon fieri Occidūtqz arietes τ ſā
guinem ipōp in celum iactant Conuenientes vō magi cū
mulieribz faciunt luīaria magñ et domū totā thurificant et
fumū de lignis aloe faciunt et aquā decoctā carniū in aere
fundūt et ptem eciā potionū q̄ de aromatibz ſūt pfecte Et
in chorea iterz ſaltant τ cantāt reuerenciā illi⁹ ydoli p⁹ hec
requirunt rurſ⁹ arrepticijs an per hec ſit ydolo ſatiſfcm ſi
iubet demon vt aliud fiat pfeſtim mādatū ei⁹ adimpletur
Cū aūt illi ſatiſſactū eſſe ſciunt incātatores ſedēt ad men-
ſam carnes qzp̄ medunt ymmolatas cū leticia magna et bi
bunt potiones q̄ ydolo ſunt imolate in ſacrificio tminato
prandio ad ppria remeant Si aūt cōtingat diuina p̄uidē
cia vt curet̄ſeger curacionē ipi⁹ attribuūt demoni cui ſacri
ficia ſunt oblata Dac arte p demōes illudit̄ eoꝛ cecitas

De plio magno qd fuit inter tartaros et ipm̄ regem myen
Capl'm xlij.

Ocaſione regni carayam ſuperius memorati et regni vncian fuit plium magnum in regiōe imediate pre
dicta Anno dn̄i . m . cc . lxij . Magnus kaam miſit vnū de
principibz ſuis noīe noſcardyn qui erat vir prudēs τ ſtren
nu⁹ τ cū illo erāt pbi milites τ fortiſſimi bellatores Rex
aūt myen τ bāgala audito eoꝛ aduentu p̄territi ſūt metuē
tes ne forte terras eoꝛ veniſſet inuaderet Cōgregātes āt
ſuos exercit⁹ habuerunt equites τ pedites circa lx. milia
Elephātes aūt cum ceteris caſtris bellicis circa duo mili
a Et in quolibet caſtro erāt viri bellatores xij. xx. vl'xvi.
Venit āt rex myen cū predcō exercitu vſus citatem vncy-
am vbi erat p̄noiat⁹ exercit⁹ tartaroꝛ quieuitqz cū ipo ex
ercitu pdicto in cāpeſtribz ad dietas tres vſus vncyā Au
diens aūt hec naſtardyn qz puū habebat exercitū ptendit
tn̄ nichil oīno tīmere qz ſecū habebat viros fortes et ſtren
nuos bellatores Egreſſ⁹ eſt obuiā illis ad planiciē bucyā

et ibi castrametatus ē iuxta nem⁹ quoddā magnum i quo fuerūt arbores maxiē qʒ ſciebat qᵘ elephātes in nem⁹ illō nullaten⁹ poterāt igredi Rex āt myen venit vt exercitum ei⁹ inuaderet Tartari vero audaciter occurrerūt illis Cū q̄ tartari viderūt elephātes cum caſtris qui erāt in pm̄a aciē conſtituti tanto erant terrore pterriti qᵘ aſſeſſores cor̄ nulla vi vl' igenio poterūt eos illis ꝓmouere facere tūc om̄nes deſcendentes de equis ligauerūt eos ad arbores nemoris ⁊ pedeſtres ad elephantū aciem redierūt ceperūtqʒ in eos ſagittas indeficiēt iacere Jlij āt qui in cāpeſtribʒ cū elephātibʒ erant pugnabāt ꝓ eos Sed tartari ꝓbiores illis erant ⁊ magī aſſuetiad pugnā Vulnerauerūt q̄ tartari grauiter cū ſagittis m̄ltitudinem elephantū ꝓpter qᵭ elephantes ſagittarū metu fugam arripuerūt Jngreſſi qʒ ſūt om̄s rapido curſu in nem⁹ ꝓximū nec potuerūt ab ingreſſu nemoris a ſuis rectoribus ꝓhiberi diuiſi ſūt in nemore huc illucqʒ et arbores nemoris oīa caſtra eor̄ lignea ꝯfre gerunt Nā arbores magne ⁊ denſe erāt videntes aūt hoc tartari cucurrerunt ad equos quibus aſcenſis diū iḃ qʒ elephantibʒ in reg̃ acies irruerunt quos ñ modic⁹ inuaſerat timor eo qᵘ videbant elephantū aciem diſſipatā Fuit āt prelium durū valde Cū vero vterqʒ exercit⁹ ſagittas ſuas qˢ habebat eiecerunt arripuerūt om̄s gladios ſuos Cū quibus duriſſime pugnauerūt Mlt̃iqʒ vndiqʒ ſunt occiſi Tādem āt rex myen cū ſuis fugā arripuit quos iſequētes tartari multos ex fugientibʒ occiderunt quibʒ oīno mortuis vel fugatis redierunt ad nem⁹ vt caperent elephantes ſed non poterant quēqᵘ ex illis capere niſi iuuaſſet eos quidā ex hoſtibus quos ceperant quorum auxilio circa cc. habuerūt ab ĥ plio in ātea cepit magn⁹ kaā elephantes habe̅ ꝓ ſuis exercitibʒ quos p̄us ꝓ exercituñ habebat pᵒ ĥ ꝺe

nicit magn⁹ kaam tras regi myen ⁊ cas suo dominio sbiu⸗
gauit

De regione quadam siluestri de puincia myen Cap xliij

Post recessum de puincia carayam inuenit’ deftum q̄
dem maximum per qd̄ descēditur ptinue per dietas
duas et dimidiam vbi nulla est habitacio ß ibi est vna lata
et spaciosa planicies in qua trib3 diebus in ebdomada mt’
ti coueniunt ad nūdinas ⁊ mcata multi de mōtib3 magnis
regionis illi⁹ ⁊ deferunt aur̄ qd̄ pro argento cōmutāt dāt3
vnam vnciā auri p quinq3 vncijs argēti multiq3 negociato⸗
res de regionib3 illis illuc pueniunt cū argento ad montes
illos fortissimos vbi illi p securitate sua bitant null⁹ acce⸗
dit exercit⁹ q̄ loca valde iuia sūt neq3 ex hoc scitur ab alijs
vbi illor̄ habitacio sit post hoc inuenitur prouincia myen
que confinis est yndie ad meridiem per quā itur dieb3 xv.
ad loca siluestria et nemorosa vbi sunt mlti elephātes et v
nicornes alieq3 fere agrestes innumere et nulla ibi habita
cio est

De ciuitate myen et de sepulchro pulcherrimo regis Ca
pitulum xliiij.

Terminat̄ illis dietis xv. inuenitur ciuitas q̄ dicitur
myen grādis et nobil’ q̄ caput est regni et est subdita
magno kaam habitatores ei⁹ ppriam linguā habēt ⁊ ydo
latre sunt In hac ciuitate fuit rex quidā pdiues qui moriēs
mandauit sibi fieri sepulchr̄ in hunc modū In quolibet
capite monumēti iussit fieri turrim vna marmoream alti⸗
tudinis decem passuū cui⁹ grossicies erat put altitudinis
pporcio requirebat In cacumine āt rotunda erat vna ip
sar̄ turrium erat auro coopta cui⁹ auri grossicies erat ad
vni⁹ digiti latitudis mēsurā Sup cacume v̄o turr’ erāt ml’
te cāpanule auree q̄ a vento flāte reddert3 sonitū Al’ v̄o tur
ris eodē mō et forma argento coopta erat hn̄s silit’ campa

las argenteas Hoc āt sepulchr̄ fieri iussit pro honore aīe
sue et vt ei⁹ memoria nō piret Quadā āt die inuēti sunt in
curia magni kaam ioculatores in mltitudine maxiā quos
ad se puocās rx ait illis ite cū duce quem p̄ferā vobis ⁊ cū
exercitu que vob adiungā p̄quiretis michi p̄uinciā myen
qui se mādato regı̄ volūtarios exhibētes inerūt vt iussit et
myen puinciam debellātes ei⁹ dn̄io subdiderūt Et cū p̄
uenerunt ad marmoreū sepulchr̄ non illud deuastare p̄e
sūpserunt nisi magni regis requisito cōsensu: Qui audiēs
q̄ rex p honore aīe sue h̄ fecisset mādat vt sepulchr̄ nulla
tenus violaretur Mos enī tartaroꝝ est non deuastare ea
q̄ p̄tinent ad defunctos In hac p̄uincia sunt mlti elephā
tes et eciā boues siluestres magni et pulchri cerui et dam
mule aliaꝗ̄ diuersaꝝ specieꝝ siluestrium aīalium ī mlti
tudine maxima

De p̄uincia bangala Capl'm xlv.

Bangala est ad meridiē in confinio idie quā magnus
kaam nondū subiugauerat qn̄ ego marc⁹ in curia ei⁹
erā h̄ ad debellandū eā suos exercit⁹ miserat Ibi āt ē rex
ppr̄ius ppr̄iam linguā bn̄s Oms sūt ydolatre de p̄uinci
a ista Carnibꝫ vescunt riso similiter et lacte .bobicis aūt
est ibi copia maxiā de qua īcacoes maxime fiūt . habun
dāt ibi spice galanga zinzibere zucaro et mltis alijs speb̄ꝫ
aromaticis Elephātibꝫ coequātur In hac p̄uincia mul
ti venduntur negociatoribꝫ quoꝝ plurimi enuchi fiūt qui
postmodū a baronibꝫ p diuersas p̄uincias ducuntur

De p̄uincia canziga Capl'm xlvj.

Postmodū repitur canziga ad orientalē plagā q̄ regē
ppr̄iū sil'r habet ppl's ei⁹ ydolatra ē In hac p̄uincia
repit auꝝ in copia maxiā ⁊ aromata multa h̄ pauce de eis
īcaciones fiūt qr̄ a mari regio ipa remota ē Ibi sunt ele
phātes mlti et venaciones maxime bestiaꝝ hoīes puinci
e carne et lacte et riso vescunt vitibꝫ caret h̄ de riso ⁊ aro

matibus et spēbus delicatis potiones faciūt viri et mulieres cū acubus pingunt suas fauces collum manꝰ et ventrē
ac crura faciuntq̹ ibi ymagines leonū dracouū z aviū sub
tiliter valde q̄ eciā sic firmantur in pelle vt nūq̹ discedant.
Qui āt plures de huiusmoi ymaginibus habet pulchrior
reputatus

De prouicia amu Capitulum xlvij.

Mou vo prouincia est ad oriētalem plagā que magꝰ
kaam subiecta est Hoies ydolatre sūt Propriam
linguā z aiālium greges habent magnos et victualiū copi
am Equos hn̄t multos et optimos quos negociatores in
idiam deferūt bubuli ibi multi sūt boues et vacci i magna
copia et delicata viri et mulieres deferūt ad brachia moni
lia seu brachialia aurea et argentea magni valoris

De puincia Tholoman Caplm xlviij.

Post amu ad orientalem plagā ad dietas octo iueniť
prouincia tholoman q̄ subiecta est dn̄io magni kaam
hoies ꝑpriam linguā habent et adorāt ydola Ibi sūt viri
pulchri mulieresq̹ pulchre coloris tn̄ bruni Ciuitates ibi
multe sunt et castra multa Mōtes magni z fortes viri in
armis strēnui sunt et fortes mortnoꝝ suoꝝ corpa cōburūt
et ossa in capsa lignea ponūtur et in cauernis mōciū abscō-
dunt se nc ab hoie aut a bestia tāgi possint Nux est i copi-
a magna porcellanas yndicas de quibᴣ dcm est supra loco
sue monete expendūt

De puincia cinguy Caplm xlix.

Post recessū de puincia toloman inuenit̄ puincia ciu-
guy ad orientē et itur sup flumē p dietas xij. Ibi sūt
ciuitates et castra mlta .pꝰ hoc iuenitur citas sinulgu grādis et nobil' regio hec magno kaā subiecta ē Hoies illius
ydolatre sūt In hac regiōe fiūt pāni pulchri valde de cor-

ticibʒ arboꝛ quibʒ induūtur in estate Uiri strēnui sunt et
fortes valde Jn hac ꝑuincia tāta ē mltitudo leonū ꝙ nul
lus de nocte p̱umit eɤ dormire qꝛ leones oīs quos inue
niunt deuoꝛāt Naues eciāꝗ p fluuiū tn̄seunt ꝑpter metū
leonum non ligant ad ripā s̄ in me⁹ flumis qꝛ leones ī noc
tibʒ ingrediūtur in naues adherētes ripe et quoscūꝗ ibi r̄
periunt deuoꝛāt Licet āt h⁹ regionis leones magni et fero
ces sint valde Canes tn̄ ibi adeo ita sunt audaces ⁊ fortes
vt leones p̱sumāt inuadere Oportʒ āt vt duo canes cū ho
mine sint Cū eni quispiā homo ꝑbus in equo p cāpestri
a transit leonem occidit vt plurimū si duos canes magnos
secum habuerit Nā cū leo illis aꝑpinꝗuerit statim canes
latratu magno currūt p⁹ ipm leoñ si vir cū equo subsequi
tur canes leonem ipm moꝛdent in posterioꝛibʒ corpis aut
in cauda leo se stati vertit ad eos qui canes se auertere ab
eo sciunt ꝙ eos ledere nō pt tunc leo ꝑsequiͣ viā suā rur
sumꝗ canes latrādo ⁊ moꝛdendo īsequūt eū Leo v̄o ꝑpe
latratū canū metuit ne forte canes alij vel hoīes ꝑuoceñ
ad eum Jōꝗ diuertit sine cursu Cū v̄o vidit arboꝛē groſ
sam posterioꝛa sua ad stipitem arborſ appodiat ne ibi moꝛ
deri possit a canibʒ et faciem suā ad canes dirigit Uir āt
qui in equo ē cū arcu sagitare nō cessat ꝑpter qd̄ sepe con
tingit ꝙ leo ḡuiſ vulneratur Jn tm̄ eni leo attendit ad ca
nes ꝙ vir libere poterit sagitare . Sic igitur leo pt occidi
Hec ꝑuincia habūdat in serico et deferuntur m̄cationes
maxime per fluuiū memoꝛatum

De ciuitatibʒ cancasu cyanglu cyanoli Caplm̄ l.
Post discessū a ꝑuincia cyanguy per ꝗtuoꝛ dietas iue
niunt plures ciuitates et castra mlta Post dietas il
las quatuoꝛ est ciuitas cātasu que ptinet ad ꝓuin
ciam cathay ⁊ est ad meridiem vbi est serici copia v
bi panni multi d̄ auro et serico fiunt et syndones in copia

maxima Ab hac ciuitate itur ad meridiem tribus diebus et iuenitur citas cyanglu gñdis valde que eciã est de puincia cathay vbi fit sal in maxima copia est eni ibi terra salissima de qua môticulos faciunt sup quos aquã piciũt postea colligũt aquã q erupit de sb pede monticuli quã i magnam ponētes caldariã ad ignem diu bulire faciunt postea congelatur in sal pulchꝛ et albũ Ultra vo ciuitatem cyãglu ad quinqz dietas est citas cyanoli p cui⁹ medium tñ sit flumen magnũ p qd multe naues cũ multis marcacionibz deducuntur

De ciuitatibus candifu singuimatu Caplm li.

Ultra ciuitaté cyanglu ad dietas sex vsus meridiem ē ciuitas magna candifu que regē hacten⁹ bꝛē ꝑsueuerat anq sbiceretur magno kaam Habet ãt sub suo dominio xij. ciuitates in quibus ōnib⁹ viridaria sũt ꞇ ibi ē fructuum et serici copia Rursum ad meridiē ad dietas tres ē ciuitas nobil' singuimatu Ad quã descendit ad meridiem fluui⁹ magnus qui ab incolis in duas ptes diuisus ē quaꝛ vna ad orientem vadit vſ⁹ mangy Alia vo ad occidētem versus cathay p quos fluuios naues mediocres inumere tñ seunt cũ marcationibus infinitis De synguimatu vo p gredientes vſ⁰ meridiem p dietas xvi repiunt citates ꞇ opida in quibus marcationes maxiē fiunt Oms ãt habitatores patrie ydolatre sunt et magno kaam tō regio sbdita ē

De flumine magno caromoꝛa et ciuitatibus cyangui Capitulum lij.

PRefatis igit dietis xvi. ēmiãtis iueniť magnum flumen caromoꝛa qd de ſris illius qui dicitur pſbiter iohannes fluit habet ſpacium vni⁹ miliarij in latitudiē sua vo pfũditas tanta ē vt p eã naues magne cũ suis onerib⁹ libē tñ seãt pisces vo i eo i copia maxiã capiuť . i lb fluiē iux

ta mare occeanū ad dictā vnā sūt naues numero xv milia
quas tenet ibi magnꝰ kaam vt pate sint cū nccitas fuerit su
os exercitus deferre ad insulas maris sūt aūt adeo magne
vt quelibet earū portat equos xv ad regionē remotā cū eq
tibus et nccio victu p equitibꝰ et equis ac nautis qui sunt
in qualibet naui numero xx Ibi aūt fuantur naues ille in
flumine due ciuitates sūt quarū vna q magna est posita est
sup crepitudinē fluminis Alia vero ex alia pte fluminis ē
vna carū dr Coygāguy alia Caÿguy Flumine igit poco
tīsacto statim ingressus patz in nobilitturā puinciā māgy
cuiꝰ magnificēcia admirabilis seq̄:ctribꝰ caplis describet

De nobilissima puincia māgy Et pmo de pietate et iusti
cia eius regis Capitulu liij

IN puincia mangy magna fuit rex quidā noīe facfur
potes et diues valde nec inueniebat tpe eius pnceps
aliquis eo maior preter magnꝰ kaam Regnū eius fortissi
mū erat et inexpugnabile putabatur nec quisq̄ ipm inuade
re psumebat Idcoq̄ rex et pplis regis armorū atq̄ bello
rū exercitū no habebat vnaquaq̄ citas pfundis foueis et
aquis plenis vallata erat quarū latitudo erat q̄tū iacere
poterat arcus Carebant equis q̄ neminē metuebāt Ad
nichil igit vacabat rex nisi vt deliciose viueret In curia
sua domicellos et domicellas habebat circa mille et hono
rabiliter viuebat pacē et iusticiā et misericordiā diligebat
Nā et in toto regno eius pax erat maxima nullus q̄ pri
mū psumebat ostendere q̄ rex omnibꝰ seruabat iusticiam
Sepe artificū stacōes de nocte mittebant apte nec erat q
in eis psumeret ingredi aut dāpnum aliq̄d inferre Aliato
res oēs nocte ac die p totū regnū securi et inoffensi libere
ābulabant. Erat aūt rex pius et misericors ad paupes et
quosq̄ necessitatē et penuriā pacientes Annis singulis re
colligi faciebat pueros abiectos a matribꝰ circa xx. milia

g i

quos suis sūptibꝰ optime nutrire faciebat. In regione illa paupes mulieres ꝑpos natos abiciūt vt ab alijs colligātur si eos ipe nutrire nō pnt. Illos aūt pueros quos rex colligi faciebat diuitibus regni diuidebat q̄ carebāt filijs vt eos sibi adoptarēt aut postq̃ cuerāt pueros illos cū puellis abiectis ꝯiugio sociabat et eis sufficiēt de necessarijs ꝑuidebat.

Qualit̄ bayan princeps exercitus magni kaam Cublay deuicit ꝑuinciā māgy et eā suo dominio subiugauit
Capitulū liiij

Ānno dn̄i M cc lxviij magni kaam Cublay hoc mō suo s̄biugauit impio. Misit eni illic vnū ex p̄cipibꝰ suis noīe bayan chynsan q̄d in nostra lingua sonat q̄ centū oculos hn̄s vnde idem sonat sicut centū oculi bayan Cui maximū exercitū eqtū et peditū deputauit ac multitudinē nauiū vt mangy ꝑuinciā debellaret. Qui cū ad p̄fatā ꝑuinciā deuenisset p̄mo habitatores ciuitatis p̄me que d̄r Coyanguy ad sui regis obedienciā requisiuit quibꝰ recusantibus obedire nullo insultu facto in eos ꝑcessit ad ciuitatē sc̄dam que simil̄r obedire rēcusauit tūc ꝑcessit ad terciā deinde ad q̄rtā post hec ad quītā a quibꝰ oībus simile respōsum accepit. Nō aūt timebat post se ciuitates hostiū et ad alias ꝑcedere q̄ exercitus eiꝰ erat magnus ꞇ optimus habebatq̃ secū viros strēnuos bellatores et magnꝰ kaā exercitū magnū grādemq̃ aliū post eū mittebat. Sextā ergo ciuitatē ingressus ēcū magna fortitudine et vi obtinuit eā et sic ꝑgrediens ciuitates xij in breui tempe subiugauit debellando tūc ꝯtremuerūt corda viror̄ māgy. Et bayan ad regalem ciuitatē et maximā ciuitatē qn̄say accessit et iuxta eā suū exercitū ordinauit. Rex āt māgy auditis p̄bitatibꝰ et fortitudine tartaror̄ vehemēt̄ expauit. Et ascendens in nauē cū comitiua magna ad quandā inexpupnabilem ī sulam se transtulit hn̄s secū naues circa mille. Ciuitatē āt qnsay regine custodire dereliquit cū exercitu magno Regina vo prudent se gerens in oībus ad defensionē tre cū suis baronibꝰ intēdebat sollicite Cū āt audiuit ꝙ princeps exercitus tartaroꝝ vocabar bayan synsay .i. centū oculi poīa defecit virtꝰ eius qm a suis astrologis audierat ꝙ ciuitas qnsay a nullo nūꝗ possit expugnari nisi ab eo qui cētū oculos haberet et ꝗ ipossibile videbaꞇ oīno cēt habiturꝰ centū oculos nemine formidabat pricipē igiꞇ tartaro bayā ipī regina eiꝰ ꝯgnoiē ꝯgnito regnū et ciuitatē libere illi obtulit Quo audito ciuitates ocēs ad mādata magni kaam ꝑuenerūt Excepta ciuitate sansu que ꝑ tres āno s obedire ꝯtēpsit Regina vo iuit ad curiā magni kaā a quo cū hōre maximo suscepta Rex āt facꞇur eius qui ad insulas fugerat inde in vita sua discedere noluit ibiꝗ vitā finiuit

De ciuitate Coyarguy   Capitulū lv.

Ciuitas pꝰ que occurrit itroeūtibꝰ in ꝓuicia dr̄ Coygarguy ꝗ magna ē et nobilis et magnaꝝ opiū Ibi sūt naues i multitudine maxiā Est eni sup fluuiū Caromora fit āt ibi sal in tanta copia vt ciuitatibus xl sufficiat de quo magnus kaam magnos ꝓuētus recipit Similiter ecia de mercacionibꝰ ciuitatis et portus habitatores vniuersi ꞇ ꝓuincie tocius et huiꝰ ciuitatis mangy ydolatre sunt et comburunt corpora mortuorū

De ciuitatibꝰ panthi et Cayn   Capitulū lvi.

AD terminū diete vniꝰ adūsus syrochū vltra ciuitatē Coyarguy inuenieꞇ ciuitas panthy grādis et nobilis Ibi īcacōes maxiē fiūt ꞇ ibi ē serici et victualiū maxiā copia Ibi in tota regione illa expendiꞇ moneta curie magni kaam. via autē qua itur a ciuitate Coigayguy ad hanc ciuitatem. tota est lapidibus pulchris structa a dextris et a sinistris aꝗ est magna Aliūde āt igressus siue accessus nō

patet ad ꝓuinciā mangy nisi p̄ viā hanc Ad terminū vero
diete alterius est ciuitas nobilis Cayn Ibi pisces i copia
magna hn̄tur Ibi eciā venacōes sūt magne bestiarū ⁊ vo
lucrū Fasiani aūt ibi in tanta copia sūt et p̄ tanti argentei
pondere qptū vnꝰ venetus h⁊ dent̄ tres optimi fasyani.

De ciuitatibꝰ tinguy et yanguy   Capitulū lvij

POst hoc itur ad dieta vnā et p̄ viā inueniūt̄ ville ⁊ op
time culture terrax In fine vero diete hēt̄ur ciuitas
tinguy q̄ grādis nō est s⁊ victualiū h⁊ copiā maximā. h⁊ eci
am naues mltas valde Est eciā iuxta mare occeanū ad di
etas tres et in illo spacio iūt multe saluie In ip̄o saluiarū
spacio est ciuitas vna magna q̄ dicit̄ tynguy Post recessū
a ciuitate tynguy ad plaga circij itur p̄ dieta vnā p̄ pulcher
rimā regionē et t̄iara dieta inuenit̄ ciuitas nobilis yanguy
sb cuiꝰ iurisdcōe sūt ciuitates numero xxvij magnax̄ mer-
cacionū Ego aūt marcus annis tribus ex ꝯmissione mag
ni kaam habui in ciuitate illa officiū p̄fecture

Qualiter ciuitas syanfu cū machinis capta fuit Capitulū lviij

HD occidentalē plagā est vna regio in ꝓuincia mangy
que dr̄ Nayuguy opulenta ⁊ pulchra valde Ibi mī
ti panni sūt de auro et serico Ibi eciā bladorū et oīm victualiū copia est Ibi inuenit̄ ciuitas syanfu q̄ ciuitates xij.
sub suo dominio ꝑtinct Nec ciuitas tribus āuis in rebelli
one p̄stitit inter quos debellari nō potuit ab exercitu tartarorū qn̄ deuicta fuit ꝓuincia mangy Non eni añ locari
poterat exercitꝰ nisi a p̄te aquilonari Nā vndiqz ex p̄tibꝰ
lacune p̄fūde erant p̄ quas naues ad eā ingredi vel egredi
poterant et sic in victualibus nō poterat habere defectū.
Quo audito rex kaam turbatus ē supza modū Contigit
āt tūc tp̄is dn̄ nicholaū p̄rēm et dn̄m matheū frēm ciꝰ ⁊ me

marcũ cũ illis in curia regis esse Accedentes igitur nos simul ad regẽ optulim⁹ nos facturos esse machinas optiãs
cũ quib⁹ ciuitas oĩno vinceret̃ Nõ enim erat vsus machi
narũ in regionib⁹ illis habebam⁹ enim nobiscũ fabros lig
narios xpianos qui fecerũt tres machinas optimas quaꝝ
quelibet.ccc.librarũ lapidẽ proiciebat quas nauibus ipo-
sitas misit rex ad exercitũ suũ Cũ ãt ãn ciuitatẽ sỹasu erec
te erant lapis primus quẽ machina i ciuitatẽ emisit sup do
mũ vnã ciuitatis et cecidit magnaꝗ̃ pͥs domus ꝓfracta est
Quod videntes tartari qui in exercitu erant obstupuer̃t
valde Iij vero qui in ciuitate erãt nimio ẽrore cõcussi me
tuentes ne tanta ciuitas destrueretur a machinis et ipi oc
ciderentur a tartaris aut sub domorũ ruina perirent stati
ad magnũ kaam mandata venerunt

De ciuitate cynguy nõ multũ grandi ⁊ de flumine magno
quyan Capitulũ lix

Post recessũ a ciuitate syanfu ad miliaria xv ꝑ syrochũ
inuenit ciuitas synguy non multũ grandis sed naues
habet in multitudine maxima Est enim posita sup flumẽ
maius qð in orbe sit qð dicitur quyan qð in latitudine b꜀
miliaria decẽ alicubi octo alicubi sex et habet lõgitudinis
vltra dietas centũ In hoc flumine plures naues numero
sunt q̃ sint citra mare et in omni mari et in fluminibus cũc
tis plures ꝗ̃ marcacões deferũt ꝑ eũ ꝗ̃ ꝑ omnes terras ci
tramarinas in oibus suis locis nauibus deferantur Ego
enim marcus vidi in portu ciuitatis huⁱ⁹ cynguy circa qui
ꝗ̃ milia que ꝑ hunc fluuiũ nauigabant Singule ãt naues
magne regionũ illarũ sũt vno solario coopte nec habet na
uis nisi malũ vnũ ꝓ velo pond⁹ vero vnⁱ⁹ ascendit vt pluri
mũ ad numerũ et pond⁹ quatuor miliũ canturiorũ alique
tũ pond⁹ cõir xij miliũ canturiorũ deferũt accipiendo can
turiũ iuxta modũ nauiũ veneciarũ Sic igitur est nauium

g 3

pōdus inter q̃tuor et xij miliū cāturiorū Inter p̄fatos nu
meros addendo τ diminuendo iuxta magnitudinē nauis
Canapinis funibus nō vtunt̄ nisi p̄ malo nauis et velo e-
ius sed piloreas faciūt de arundinib9 magnis de quib9 su
pra fc̄a est mencio que bn̄t passus xv lōgitudinis Cū bijs
piloreis qn̄q̃ naues p̄ fluuiū trabūt Scindunt eni arūdines et scissuras ligant simul Et huiusmodi funes longos
faciunt valde Nā alique piloree habent longitudinē pas-
suū.ccc.et sunt forciores funibus canapinis

De ciuitate Canguy   Capitulū lx.

Canguy ē ciuitas p̄ua supra meōratū flumē ad plagā
circij Ibi ānis singulis fit maxiā collcō bladi τ risi et
in postmodū ad magni kaā curiā deferūt ad ciuitatē Cābalu Trāsferūt ei de loco cathay p̄ fluiā et lacunas Mag
n9 vo kaā facit fieri canalia magna et multa i locis p̄limis
vt possint naues de hoc loco ab vno fluie trāsire ad aliud
flume et pueire ad p̄uinciā cathay Per trā eciā iri p̄t de
māgy ad cathay Curia āt magni kaā p̄ maiori pte sufficiē
cia bz bladi ex eo qd colligit in portu hui9 ciuitatis Cayguy Ante ciuitatē cayguy isula vna ē in medio fluis ibi est
mōsteriū moāchor̄ ydol' huieciū vbi ydola mlta sūt Ma
netq̃ i mōsterio ipo mōchi ydolatre cc vel vltra Et ē illō
mōsteriū caput et regula mltor̄ mōsterior̄ ydol' huienciū

De ciuitate Cygianfu   Capitulū lxi.

Cygianfu citas ē in māgy vbi multa opa de auro et serico fiūt vbi sūt due eccie xp̄ianor̄ nestorinor̄ q̃s edi
ficauit masarchis nestorin9 quia magno kaā in illa ciuitate p̄sulatū obtinuit Anno dn̄i M cc et lxviij

De ciuitate Thynghinguy et q̃liter ciues eius occisi sunt oēs quia occiderunt tartaror̄ exercitū   Capitulū lxij.

Post recessū vero a ciuitate iſta p̄ dietas tres p̄ syrochū et p̄ viā inueniūt ciuitates et opida magnax̄ mercacioū et arciū Alterius āt ad dietas tres ē ciuitas Thyngiguy nobilis valde et grand̄ Ibi ē oim victualiū bn̄dancia magna Qn̄ bayan p̄nceps exercitus magni kaā mittebat exercit⁹ ſuos ad debellandas et ſbiugandas ciuitates mangy tūc miſit ad ciuitatē iſtā thyngiguy x̄pianos mltos qui dicebant̄ alani Cū aūt ciuitatē fortiſſime ipugnarent bij qui i ciuitate erant virtute impugnanciū deuicti ciuitatē eis libere tradiderūt Luctus igit̄ exercitus pacifice igreſſus est ciuitatē neminē offendens vlteri⁹ ex quo ad magni kaā venire decreuerūt mādata Inuenerūt igit̄ p̄fati alani qui deuicerāt ciuitatē vinū ibide in copia optimū de quo tā copioſe biberūt q̄ oīns inebriati ſūt de ſero vino g̃uati tanto ſūt ſōpno oppſſi q̄ dormierūt oēs ſimul et nulla fecerūt in ciuitate cuſtodiā qd̄ videntes ciues qui illos cū pace ſuſceperāt irruentes in illos dormientes quos oēs totaliſ occiderūt ita vt nullus oīno ex illis euaderet. Bayan v̄o B̄ audiens miſit c̄tra eos exercitū magnū τ ciuitatē p̄ violenciā captā precepit vt ciues oēs in p̄donis et infidelitatis illius gladio necarent̄ Quod ita vt iuſſerat factū est

De ciuitate Synguy   Capitulū lxiij.

Synguy aūt est nobilis ciuitas cui⁹ circuitus c̄tinet in miliaria lx Ibi eſt maxima multitudo populi Sic enim eſt mangij p̄ouincia pp̄loſa q̄ ſi pp̄lus terre in armis ſtrēnuus eſſet totuāliū mundū c̄quirere τ deuincere debuiſſet ſ mercatores et artifices multi ibi ſunt τ multi medici et phī ibi ſūt inter eos. In hac ciuitate ſūt pōtes lapidei cc vi milia tāte altitudinis q̄ ſb vnoquoq̄ ipox̄ galea libere tranſire poſſet vel valeat atq̄ ſb multis pōciū pōcōrum ſimul poſſint due trāſire galee. In mōtibus ciuitatis illi⁹ creſcit rebarbarū ibi eciā zinziber in multa copia creſcit q̄

p̱ vno argenteo veneto haberent̃ octuaginta libre zinziberis recẽtis et optimi Ɫ Ƕec citas sub sua iurisdcõe hz cita
tes xvi magnaru̅ mercacõm et arciu̅ valde Ido̅q3 miti pa̅
ni de serico ibi fiut̃ Ꝟocat̃ aut̃ synguy.i.ciuitas t̃re alia v̅o
ciuitas magna dicit̃ quynsay.i.ciuitas celi Ꝋt hec obtinu
erut̃ noia citates ille q̃ i o2ientis ptib9 sut̃ nobilissiẽ citates

De nobilissima citate quinsay ¶ Capitulũ lxiiij

Post recessũ a ciuitate syngy it p̱ dietas quinq3 et iuei
uint̃ in via ciuitates plures magne vbi negociaciones
maxime fiunt postmodũ venit ad ciuitatẽ nobilissimã qu̅
say qd̃ in n̅ra lingua sonat ciuitas celi q̃ maio2 citas o2bis ẽ
et ẽ p2incipalio2 in puincia mãgy Ꝋgo marcus fui i bac ci
uitate et diligenter ꝓdiciones ipius p̱scrutatus sum quas
sũmatim vt reppi et b2euiter enarrabo bui9 circuitus ptinet in gyro miliaria centũ aut circa. babet vero pontes la
pideos xij milia tante altitudinis vt nauis sub eis vt pluri
mũ transire possit Ꝋst at̃ ciuitas in lacunis sicut ciuitas ve
neciaru̅ Ꝋt si careret pontibus de vico ad vicũ nõ pateret
additus p̱ terrã et ob hoc oportet vt ibi sint tot milia pon-
ciũ In hac ciuitate sunt artes pincipales xij et p2o quali
bet iparu̅ sunt in ciuitate xij milia stacionũ in quibus ipa3
arciũ artifices opant̃ Ꝗuelibet at̃ stacio opa2ios habet i
ter mgr̃os z mist̃ros.x.aut.xv.siue xx. Ꝋt sut̃ qñq3 in aliq
bus xl Ꞇanta ẽ ibi artificũ et mercacionũ inumera m̃ltitu-
do ꝙ qui nõ viderũt incredibile penit9 viderẽt Ƕoies ciuitatis bui9 deliciose viuũt Ꝋt neq3 ip̃i neq3 vxo2es eoru̅
manib9 pp2ijs opant̃ faciũt at̃ ministros alios opari Ꝋx
antiquo eni statuto p̃suetũ ẽ ibi vt quilibet in dõ pp2ia teneat stacionẽ et artẽ sicut fecit bacten9 pat̃ ei9 Ꝋt si diues
est nõ cogit̃ manib9 pp2ijs opari In hac ciuitate sut̃ mu
lieres fo2mose valde cõir sut̃ multis delicijs enutrite vsus
meridiẽ est i ipa ciuitate lacus magna q̃ xx miliaria i gyro

continet In hoc circuitu super lacu sunt multa pallacia et multe domus magne nobiliū et sunt interius ⁊ exterius mirabiliter ordinate Sunt ⁊ ibi eccie ydolorū In medio ipsius lacus due puule insule sūt in qualibet iparum ē pallaciū nobile et pulchrū valde vbi sunt pparamenta ⁊ vasa necessaria p nupcijs et solempni cōuiuio. Si quis autē vult in solempni loco tenere cōuiuiū accedat illuc vbi potest cōuiuiū vel nupcias cū honore tenere In hac ciuitate quinsay multe et pulcherrime domus sunt Sunt eciam ibi p vicos eius pue lapidee turres pro cōi vsu cōtracte vt qn fortuitus ignis accenditur possint cōuicini res suas ad pfatas turres ne cōburant deferre quia enim i ciuitate multe domus lignee sūt sepe ignis in ciuitate accendit In hac ciuitate ydola adorant Coedunt autē carnes equo⁊ et canū et oim animaliū. Et expenditur ibi moneta magni kaam In hac citate custodia magna fit ex mandato magni kaā ne vel ciuitas rebellare presumat aut ne ibi furta vel homicidia fiant In quolibet enim ponte ciuitatis de die et de nocte decē custodes sūt In hac ciuitate mōs est sup quē est turris et sup turrim tabule sunt de asseribus qn autē ignis accenditur in vrbe si custodes turris hoc possint videre cū ligneo malleo tabulas pcuciūt vt huiusmodi circūquaq̄ p turrim eminꝰ audiat et cōcurrūt ad auxiliū conferendū Similiter eciā fit si pca quacūq̄ ꝓmocio vel turbacio ibi in citate fiat Vie oēs ciuitatis sūt strate lapidee In hac ciuitate sūt tinne circa ta milia pulchre valde et magne i quibꝰ sepe hoīes balneāt multū eni circa mūdiciā corpalē intēdūt Vltra ciuitatē quinsay ad xxv miliaria ad plagā orientalē ē mare occeanū et ibi supra mare ē ciuitas ganfu vbi ē portus optimꝰ ad quē pueniūt naues in multitudie maxiā de yndia et de alijs regionibus de citate vsq̄ ad mare ē fluuius p quē naues ad ciuitatē veniūt qui fluuiꝰ trāsit p plurimas alias regiones Hanc puinciam diuisit magnꝰ kaā

in quatuor regna dās regē ꝓpriū vnicuiqʒ regno iuxta sue
volūtatis bnplacitū. Sūt aūt hij reges oēs reges potētes
valde et subditi magno kaam et oportet eos annis singul’
de oibus regnoꝶ suoꝶ ꝓuentib⁹ et expensis et de regimiē
suo magni kaam officialib⁹ reddere rōnem Alnus āt illo
rū regū in ciuitate quisay ꝯtinue morat̄ qui sb ditione sua
bʒ c.et xl.ciuitates Prouincia vero māgy bʒ in vniuerso
ciuitates.m.ccc.et in singulis ipaꝶ p magnū kaā positi sūt
custodes ne forte rebellare psumant boim custodū multitudo ē stupenda et innumerabilis nō tn̄ sunt oēs tartari s̄
sūt de diuersis exercitib⁹ et stipendiarijs magni kaā In
hac ciuitate quinsay et in tota māgy ꝓuincia est ꝯsuetudo
vt cū puer nascit̄ statim pntes ei⁹ scribere faciūt diē et horā natiuitatis ei⁹ et sub quo planeta natus ē In cūctis eni
itinerib⁹ et factis suis astrologoꝶ regūt iudicijs Ideoqʒ
scire volunt ipius ortus diē et horā. Q n̄ moritur quis ca-
napinus saccis cōsanguinei eius induūt ⁊ mortui cadauer
cū cantu magno et ymaginibus suoꝶ et ancillaꝶ et equoꝶ
et denarioꝶ ꝯburūt q̄ oia de papiro faciūt Creduntqʒ qʾ i
vita alia talia optinebit defunctus qualia in similitudine
sunt cōbusta Post hoc cū leticia magna tangūt musica in-
strumenta dicetes q̄ dij eius cū tali honore eum suscipiāt
cū quali honore corpa cōburunt In hac ciuitate quisay
est pallaciū mirabile in quo farfur quondā rex mangy tenebat curiā locus magnus circūcinctus est muro p quadꝶ
altitudinis magne qui in gyro continet miliaria.x. Inter
quos muros sūt viridaria pulchra valde cū fructibus delicatis Ibi sunt fontes et lacune in quibus multi et optimi
pisces habent̄ In medio aūt interioris spacij palacium
pulcherrimū est et maius quod sit in mundo.habet enim
aulas.xx.eiusdem magnitudinis oēs in quoꝶ qualibet co
mederent simul decē milia hominū in multa cōmoditate
et debita congruitate cunctis discumbentibus collocatis

Sūt autē aule picte et deaurate pulcherrimo opere In ipo eciam pallacio sunt camere mille aut circa In ciuitate quinsayi sunt ignes.cc.iuxta vulgare ytalicū seu familie tot numero qp ad.c.lx.romani ascendount in cōputacione sum maria romani vero.x.milia continet Sunt igitur tot famī lie in vniuerso vt earū numerus ad mille milia et.lx milia familiarū ascendat In hac ciuitate pallacia multa sunt et pulchra valde In tota hac ciuitate vna sola ecclesia nesto riōr est xpianorum In hac ciuitate et tota puincia opor tet vt quilibet paterfamilias sup hostiū domus sue scribi faciat nomen suū et vxoris sue nomina omnia domus sue vel de familia sua et numerū ecia equor suorū Cū autem quis de familia moritur vel domiciliū mutat oportet vt in deleat nomen decedentis aut mortui τ describatur ibi no men cuiuscūqz de nouo nascentis vel ad familiam additi Et in hunc modū faciliter sciri pōt numerus hoīm qui in ciuitate sunt Similiter ecia stabularij et hospitū recepto res scribūt in suis quaternis nomina omniū viatorū quos in suis hospicijs recipiunt et quo mense et quo die in eius hospicium sunt ingressi

De prouentibus quos recipit magnus kaam in quinsay et de prouincia mangy Capitulū lxv

Nunc dicendū est de prouentibus et redditibus quos recipit magnus kaam de ciuitate quinsay et de tota ciuitate mangy Singulis annis recipit magnus kaam de sale qd fit in citate quinsay et tīs eiꝰ romanos aureos lxxx Quilibet autē romanus ascendit octuaginta milia sagio rum auri Quodlibet āt sagiū auri plus habet de pōdere qp florenus De rebus aūt alijs et mercacionibus sine sale tributa maxima et incōputabilia recipit In hac prouicia plus habetur de zucaro qp i reliquis tocius mūdi puicijs Est enim ibi copia maxima aromatū τ oīm huiꝰ mōi spez

De aromatibꝰ quibuscūq̷ recipit magnus kaam de cētū mēſuris tres et dimidiā De vino āt qð fit de riſo et de ſpē bus diuerſis et de carnibus bene magnos ꝓuentꝰ recipit De xij artibus q̃ in quinſay fiūt et i tota ꝓuincia magnos habet redditus De ſerico vero cuiꝰ eſt in māgy copia mx̄ ima recipit de centū menſuris decē menſuras qn̄ venditur Et de multis eciā alijs rebus dantur menſure.x. ꝑ quoli bet cētenario Ego marcus audiui cōputare redditus q̃s magnus kaam de regno quinſay quod ē nona ꝑs ꝓuincie mangy et aſcendebant ānuatim ꝓuentus preter ſal ad xv. miliū et.cccccc.milia ſagioꝝ auri.

De ciuitate Tāpiguy et alijs ciuitatibus plurimis Capitulū lxvi.

Progrediendo āt vlteriꝰ a citate quinſay ꝑ ſyrocū cō tinue inueniūt ꝓ dietā vnā viridaria pl'chra ⁊ optiā cl' tura ⸝raꝝ Poſt dictā vo vnā inueniſ ciuitas tāpiguy que magna et nobil' et pulchra ē valde Ultra citatem tāpiguy ad tres dietas ē citas Ungi ꝑ duas dietas ꝑ ſyrocū ineiūt citates ⁊ caſtra q̃ tātā ꝓtiguitate et ꝓtinuacōeꝫ b̄ut vt vide ať viatori ꝑ citatē vnicā tn̄ſitū facere. Ibi ē oim victualiū copia maxiā Ibi ſūt arūdines groſſiores q̃ i tota illa ꝓui cia b̄cāt Hn̄t ei latitudis palmaꝝ q̄tuor et lōgitudis paſ ſuū.xv. Ultra duas dietas ē citas ghēghuy grādis et pul chra Poſtmodū iſ ꝑ dietas q̄tuor ꝑ ſyrocbū et inueniūt ꝓtinue citates et caſtra In hac regione mlti leones ſūt fe roces et magni In hac regione et eciā i alijs ꝓuincijs mā gy nō ſūt arietes ſ5 boues capre hyrci et ſues ibi ſūt i copia maxiā Poſt alias q̄tuor dietas ē Lyangyā grādis valde q̃ i mōte ſita ē qui mōs i duas p̃tes diuidit flumē que poſt modū ad appoſitas ſibi plagas tēdūt Rurſus iſ ꝑ dietas tres et inueniſ citas cynguy q̃ vltima ē in dominio quiſay.

De regno ſuguy   Capitulū lxvij

Um descēdit a ciuitate tynguy stati introit9 é ad reg
nū suguy et é via p̄ syrochū dietꝭ sex p̄ mōtes ⁊ valles
et inueniūt ibi ciuitates et castra et é ibi oīm victualiū copia
Ibi sūt venaciones maxīe bestiaru̇ et volucrū leones ibi
plūimi sunt Ibi crescit zinziber in copia maxima Nā p̄ tā
ta quātitate optī est. venetralis grossus darēt lxxx libꝛe zin
ziberis Ibi eciā é flos qui assīlatur croco é tn alterius spēi
ꝉ eiusdē valoꝛis é cui9 est crocus. In hac regione ꝑcedunt
homiēs auide valde carnes hūanas dū homines illi ꝑ p̄a
moꝛte nō reccedāt et has carnes reputāt optimas Qn ad
bellū ꝑcedūt quilibet sibi i frōte ferro calido signū ip̄mat
Nullus coꝝ eques vadit nisi dux exercitus lanceis vtūt
et spadis crudelissimi boiēs sūt vltra modū Qū occidunt
in bello boiēs coꝝ sanguinē bibūt et carnes manducant

De ciuitatibus quelinfu et ynque̅   Capitulū lxviij

In medio āt pdcā̷ sex dietā̷ est ciuitas Quelynfu
m̄gna valde ⁊ nobil' et sup fluuiū tres h̄3 lapideos pō
tes marmoꝛeis colūpnis desup oꝛnatos q̄ pōtes hn̄t latitu
dinis octo passuū ⁊ miliare hn̄t lōgitudis, ibi é sericū zinzi
ber et galanga i maxiā copia Uiri et mulieres ei9 valde pl'
chri sūt oēs nigri coloꝛis, ibi sūt galli q̄ pēnis carēt ꝉ pilos
hn̄t vt gatti ⁊ sūt oēs nigri coloꝛis Oua optiā faciūt similia
ouis gallinaꝝ nrāꝝ ꝑpꝉ mltitudinē q̄ ibi sūt piculosū é val
de inde transitū facere vltra vero sex dietas pdcās ad mi
liaria xv est ciuitas vnquē Ibi est zucharū in copia maxiā
et inde desertur in ciuitatē Kābalu ꝓuincie magni kaam

De ciuitate suguy   Capitulū lxix

Progrediēdo v̇o vlterius ad miliaria xv inueīt citas
suguy que caput é in regno conchay q̄ dé de noue̅ reg
nis mangy In hac vꝛbe moꝛatur exercitus magni kaam
pro custodia patrie vt statim currere sit paratus si ciuitas

aliqua p̄sumeret rebellare. Per hui⁹ ciuitatis mediū trāsit fluui⁹ qui vnū miliare habet in latitudine. In ciuitate
naues multe siūt que p hunc fluuiū nauigant ibi est zinzib
in copia maxima. Negociacōes eciam ibi sunt maxime de
margaritis aūt et lapidibus p̄ciosis q̄ de yndia deserūt
Est aūt vicina maxiō mari occeano Et oīm victualiū copiam habet.

De ciuitate zayzen et nobilissimo portu eius τ de ciuitate
Tinguy Capitulū lxx

Post transitū fluminis memorati itur p dietas quinq̄
p̄ syrochū et inueniūt i via ciuitates optime et castra
multa et ville et nemora In quib⁹ inueniūt arbores multe Ex quibus colligit camphora Post dictas āt quinq̄
inuenit ciuitas zayzen que grandis est valde et habet no-
bilissimū portū ad quē naues de yndia cū marcacionibus
veniūt cū multitudine maxima Nā pro vna q̄ p pipere va
dit in alexandria vt deferat inde postmodū ad xp̄ianorū
terras ad portū istū veniunt centū Est enim portus ille v-
nus ex maioribus et melioribus qui in mundo sūt ꝓpter
multitudinē et magnitudinē marcacōm que deserūt ad ip
sum Habet eni magnus kaam de portu illo ꝓuentus max
imos q̄libz enim nauis de marcacōibus suis oībus soluit
de centenario quolibet mensuras dece. Nauis vero recipit a marcatoribus pro naulo de marcacionibus subtilib⁹
mensuras xxx. pro centenario de ligno aloes et sandalis τ
de grossis marcacionibus reliquis recipit de cētenario xl
ꝓpter qd̄ soluunt negociatores in vniuerso ꝓputato tribu
to regis et naulo medietatē oīm suarum marcacionū quas
deserūt ad portū sup̄ius noiātū In hac ciuitate oīm victu
aliū magna copia est In hac regione est ciuitas tinguy v-
bi scutelle pulcherrime fiunt de terra que dicitur porcella
na in regione vna q̄ est de nouem ptibus māgy linguā pro

priā bn̄t hij De hoc regno habet magnus kaam eque mā
nos p̄uentus aut maiores sicuti de regno qn̄say de alijs āt
regnis māgy obmitto scribere grā breuitatis si deberē scri
bere singula regna ci⁹ nimia esset hui⁹ libri p̄lixitasOpor
tet autē me transire ad yndiā vbi fui ego marcus diucius
imoratus de quo sūt magna et inumerabilia describenda.

   Explicit liber secundus

Incipiūt cap̄la libri tercij regionis illius de cor̄ fructib⁹.

Primū capitulū cōtinet de descripcione nauiū yndie.
Secūdum de insula cyanpagu
Terciū qualiter magnus kaam misit exercitū suū vt ibi cō
quirētur insulam Cyanpagu
Quartū qualiter cōfracte sunt naues tartaror̄ et quomō
multi de exercitu euaserunt.
Quintū qualiter tartari sagaciter redierunt cyanpagu et
ciuitatem principalem ceperunt
Sextū qualiter obsessi fuerunt tartari et ciuitatem quā ce
perunt reddiderunt,
Septimū de ydolatria et crudelitate viror̄ cyanpagu
Octauū de multitudine insularū
Nonū de prouincia Cyamba
Decimū de insula magna Iaua
Undecimū de prouincia Ianach.
Duodecimū de insula pentayn
Decimūterciū de insula q̄ dicitur Iaua minor
Decimūquartū de regno ferlech
Decimūquintū de regno bosman
Decimūsextū de regno samara,
Decimūseptimū de regno dragoyan.

Decimūoctauū de regno lamberin
Decimūnonū de regno saufur
Vicesimū de insula necurā
Vicesimūprimū de insula angaman
Vicesimūsecundū de insula magna seylam
Xxij de regno moabar qd est in yndia maiori
Xxiiij de regno nar et de errorib? et de ydolatria incolaꝛ
Xxv. de diuersis cōsuetudinibus regionis illius
Xxvi de alijs ꝯsuetudinib? et nouitatib? eiusdē patrie

de sc̄o thō aplō   Xxvij de ciuitate vbi corpus beati thome cōquiescit ⁊ de miraculis q̄ ibi fiunt ob merita ipius
Xxviij de ydolatria paganoꝛ regni illius
Xxix de regno murfili et q̄liter ibi inueniūt adamantes
Xxx continet de regno lach
Xxxi cōtinet de regno coylū.
Xxxij continet de regno comary
Xxxiij de regno bely
Xxxiiij continet de regno meliber.
Xxxv de regno cozarath
Xxxvi de regno tana cambaeth semenach et resmacoran
Xxxvij de duab? insulis quarū vna inhabitāt viri sine mulieribus et de alia quā inhabitāt mulieres sine viris
Xxxviij continet de insula stoyra
Xxxix de insula maxima mādeygasar
xl continet de auib? maximis q̄ d̄n̄t rutb
xli de insula zamziber
xlij de multitudine insularū yndie
xliij de prouincia abascie
xliiij de quodā epō xp̄iano quē soldanus circūcidi fecit et de vindicta magna pro hoc scelere facta.
xlv de diuersitate bestiarū ꝓuincie abascie
xlvi de prouincia aden
xlvij de regione quadā vbi tartari ihitant i aglonari plaga.

xlviij de regione alia ad quā propter lutū et glaciem diffi
cilis est accessus.
xlix de regione tenebrarū
l de puincia ruthenorū

Expliciunt capitula libri tercij

Incipit lib tercius Primū capitulū ꝯtinet descripcōem
nauiū

Ars tercia nostri libri descripci
onē yndie continet & in principio
incipiamus a nauibus Naues q
bus p mare yndie nauigatur hu
iusmodi sunt vt plurimū de abie
tibus. Habetq; nauis solariū qd
apud nos cooptura vocatur sup qd sunt camerule seu celle
in numero xl quaꝝ qlibet ꝯmode recipit vnū mercatorem
Habet eciā nauis ampluftre seu gubernaculū vnū als vni
cū qd temon dicit in vulgari. Malos aute quatuor habz
et vela quatuor & duo ex malis predcis sic dispositi sunt vt
de facili leuari valeant τ deponi Due aūt tabule inuicē cō
clauate τ firmate sūt τ sic tabula sup tabulā applicata Na
uis vndiq; duplicata ē ferreis clauis firmatur nauis Sūt
eciā tabule nauis intus et foris conclauate iuxta vulgare
nrōꝝ nautarū Pice vero suplinite non sūt qr in regionibz
illis pice caret Ferūt aūt canapū miuutati et ipm cū oleo
quodā arborū et cū calce simul miscent et cū hac vnctione
supliniūt naues Est aūt vnctio illa tenax valde τ p illo &
uicio optima Nauis aūt quelibet magna ducentis mari
narijs aut circa idiget portat aūte nauis cōir sex milia spor
taꝝ piperis Nauis remos magnos habet et sepe ducitur
remigando Remus āt quilibet indiget marinarijs qtuor

b i

Habet insup nauis magna duas barchas magnas quarū vna altera maior est sed quelibet iparū pondus mille sportarū pipis defert et in suo obsequio et gubernacione reqrit marinarios xl quo sepe nauem magnā suis alligatā barchis trahūt Aū remis et velis ducūt barche qñ fuit oportunū Habet isup nauis magna naues puas quas batellos dicimus numero dece ppter piscacionē et anchoras z alia multa naui seruiencia Des hce naues deferunt ad exteriora nauis magne latera colligate et qñ opus fuerit mittuntur in aquā Barche aūt similiter hñt bartellos Aū nauis magna viā magnā p mare fecerit vel p ānū integrū nauigauerit vt repetur oportet prioris cp nauis tabulas supponit tercia circūquaqz et vngitur vt a principio fcm fuit qd eciā alijs vicib⁹ fit donec nauis ad vltimū sex tabul' su puestita sit.

De insula Cyampagu   Capitulū secūdum

Hinc ad describendū regiones yndie accedam⁹ z incipiā ab insula Cyampagu q est insula ad oriente in alto mari distans a littore mangy p miliaria mille et cccc. et ē magna valde habitatores eius sūt decentis figure ydolatre sunt et regē habent sed nulli alij tributarij sunt Ibi est aurū in copia maxima sed rex de facili eū extra insulā portari nō pmittit ppter qd mercatores pauci vadunt illuc et naues raro illuc ducūtur de regionibus alijs. Rex insule palaciū magnū habet auo optimo supratectū sicut apud nos ecclie opiūtur plūbo. Fenestre ipius palacij oēs auro ornate sūt pauimentū aulax atz camerarū multarū aureis tabulis est cooptū que quidē auree tabule duox digitorū mensurā in grossitudine ptinent. Ibi sūt margarite in copia maxima q rotūde z grosse sūt rubei qz coloris que margaritas albas pcio et valore pcellūt/multi sūt eciā ibi lapides pciosi ppter quod insula Cyampagu opulentissima est valde tatis ad pprias domos oēs r̄deūt Nūc ritū suāt puelle dedicate ydolis donec fuerūt maritate In hac regione qñ rex moritr̄ cadauer eiⁱ oburi debet ex more et milites q ei ptinue assistebāt et qui cū eo equitabāt oēs se viuos cū illo in igne̅ piciūt ardentq̅ cū corpore regis putātes se ex ḣ i vita alia eiⁱ socios ee et nūq̅ posse se pari a societate Uñ eciā viri alij moriūt ibide̅ multe eorū vxores cū eis sponte in igne̅ psiliūt vt cū illis ardeant qñ eorū cadauera sunt cōburenda vt sint in vita alia vxores eorū Que at hoc faciūt multū a pp̄lo co̅mendātur In hac regione talis est cōsuetudo qñ exige̅te iusticia occidi debet aliquis p iudiciū regis peti p grā vt ad honore̅ alicuiⁱ ydoli seipz pōt occidere habita sibi licencia co̅greganr̄ ad ipm oēs co̅sāguinei eiⁱ τ ad collū eius cultellos acutos dece̅ vel xij ponūt ipsumq̅ sedente̅ i cathedra p ciuitate̅ circūferāt alta voce clamātes Iste talis homo p talis dei reuerencia wlt seipm occidere. Cū autem ad locū puenerit vbi sit iusticia publica ille cultellū arripiens manu alta voce clamat Ego meipm occido p illius dī amore Quo dco̅ seipm grauiter wlnerat Et accipiens gladiū scdm sibi wlnus g̅uiter infigit et sic sibi multiplicat wlnera ad omne wlnus mutādo cultellū donec ex wlneribus moriatur Consanguinei autem eius corpus cōburunt cū leticia maxima homines huius regionis nullā luxurie spe̅m putant esse peccatū

De diu̅sis co̅suetudinibⁱ regionis illius Capitulū xxv.

Huius regionis rex et ceti oēs magni τ pui in terrā se de̅t Et si ab e̅xneis q̅rit q̅re sede̅t ita r̅ndet de tra nati sumⁱ denuo reu̅suri et ideo terrā volumⁱ bo̅rare neo̅ eā despicere det Pro armis parū valent aut nichil Uñ aūt bnt ad bella pcedere armis aut vestibⁱ nō vtūt s̅ solū secū deferunt scuta et la̅ceas Nullū aial̅ occidūt s̅ qñ volūt carnes pedere tūc faciūt vt aialia p hoie̅m regionis alteriⁱ occidant̅ Viri o̅nes et mulieres bis in die corpa sua lauant.

Quicūq3 aūt hoc facere obmitteret apud oēs eos sicut hereticus haberet̃ In hoc regno iusticia magna fit ex homicidis et furtis vinū bibere nō presumūt Et qui vinū bibisse deprehenderet̃ insanus esset et in causa qualibet a testimonio repelleret̃ Similiter eciā in testes nō recipiūt eos 7 esse homines in iudicijs recipiendos qui mari in nauib9 manibus se cōmittunt q2 dicūt eos esse boiēs despatos

De alijs cōdicionibus et nouitatibus eiusdem patrie. Capitulū vicesimūsextū.

IN hoc regno nō nascūt̃ equi ideo rex var et alij quatuor reges prouincie moabar annis singulis multā in equis consumūt pecuniā Emunt enim prefati quiq3 reges singulis annis vltra decē milia equo2 In regionibus eciā Aurines et chrysi et dairfar et ser et deny sunt equi optimi et multi ad regnū moabar a negociatoribus deferuntur in de ditant̃ aūt ex hoc mercatores q2 equū dāt vt plurimum pro precio sagio2ū quingento2ū argenti qui ad centū marcarū argenti ascendūt In ipo autē anno fere omnes equi moriuntur Ibi enim diu viuere nequnt et ob hoc ānis singulis renouant Illi aūt marscalcos equo2 aut malos aut paucos habent. Et ne de alijs regionibus vadant. Per negociatores q̃tū fieri potest precauet̃ Ipi aūt yndi p se ipos nesciūt habere curā equo2 Aer aūt ille equis valde cōtrarius est Si equa magna ibi cōcipit ex dextrario mā no parit nichilomin9 equū puū et nullius valoris hūt oēs pedes tortos Ita vt pro equitatura oīno ydoneus esse ñ possit. In hac puincia dantur equis carnes cocte cū riso 7 multa alia cibaria cocta ministrant̃ eis Nullū bladū ibi nascitur nisi risū. Ibi est intensissimus calor et ideo nudi vadunt pluuiā nunq̃ hūt nisi in iunio iulio et augusto Et nisi esset pluuia triū poco2 mēsiū q̃ aeri refrigeriū tribuit nullus ibi viuere posset p caloris angustia In hac regiōe

Qualiter magnus kaam misit exercitū suū vt cōquireret insulā cyampagu Capitulū terciū

Magnº kaā Cublay audiens a marcatoribus seu narrātibº de diuicijs Zyāpagu direxit illuc duos de baronibus suis cū exercitu maximo vt insulā ipām eius dñio sbiugarēt Vnº āt coɋ dicebaͬ anatar alius vō santhim q̃ a portu quinsay et cū multis nauibº et magno equitū et peditū apparatu iter arripientes puenerūt illuc et descendētes in terrā multa dampna villis et castris intulerūt que erāt in planicie. Orta est āt inter eos inuidia ͪpter qd̄ vnº alterus volūtati acquiescere ͪtempnebat. Ideoɋ ͪspe non successit eis. Nā neɋ vrbē aliquā vel castrū solū plio modico deuicerīt Et qɋ hij q̃ i castris erāt nūc͡ se eis tradere voluer̄t de mādato ipoɋ baronū decapitati sūt oēs ͪter octo viros q̃ ĩt eos iuēti sūt qɋ qlibet ͪciosū lapidē ͪsutū bēbat i brachio ĩt carnē ⁊ cutē de q̃ nullº adūtere potuissͥ Est āt huiº mōi lapis nepbāo incātacōibº dedicatº ad efscm huiº sc̄ɋ vt q̃ talē sup͡ se lapidē deferͭ ferro occidi ⁊ wlnerari nō posset Cū igiͭ feriebanͭ gladijs ledi oīo nō poterant Quo cognito mādauerūt eos ligneo fuste mactari ⁊ sic stati mortui sūt et baroēs sibi ͪfatos lapides accepeͭt

Qualiter cōfracte sūt naues tartaroɋ exercitº et quō mltͥ de exercitu euaserūt Capitulū quartū.

Accidit aūt quadā vice vt in mari tempestas surgeret et tartaroɋ naues a vi ventoɋ ad portā ripariā quaterent Cōsulentibus marinarijs vt naues elōgarentur a ͭra vniuersus exercitus intrauit ͪcella vō forciº ingruēte naues mͭte ͪfracte sūt et qui erāt i nauibº ad insulā aliā iuͪ Zyāpagu ad miliaria q̃tuor cū lignoɋ fragmētis aut natādo ͪuenerūt pplus āt cū nauibº qui potuerūt euadere ad ͪpa redieͭt Qui āt puenerūt ad insulā fuerūt circa ͭa milia s̄ qɋ naues pdiderūt et multitudinē socioɋ et qɋ vicine erant insule Cyampagu humano eis deficiente p̄sidio se morti p̄ximos extimabãt in insula ad quã puenerunt nulla erat habitacio

Qualiter tartari sagaciter redierunt et ciuitatẽ principalem ceperunt Capitulũ v

Aris autẽ tempestate cessante viri insule magne Cyampagu cũ multis nauibus et exercitu magno iuerũt ad illos volentes eos occidere quos videbant argumẽtis et auxilio destitutos z cũ relictis nauibus descenderũt ad terrã tunc tartari sagaciter illos elongauerunt a littore z p alia viã diuertentes subito puenerũt ad littus et oẽs ascenderunt in naues Hostes aũt sine nauibus in insula dimittentes iuerũt ad insulam Cyampagu et vexilis hostiũ acceptis q̃ in nauibus inuenerũt iuerũt ad ciuitatẽ q̃ in isula principalior erat Qui aũt in ciuitate remanserant vt viderũt sue gentis vexilla putantes suos redire victores eis ob uiam exierunt qui statim ciuitatẽ inirantes mulieribus et ceteris q̃ ibi remanserũt expulerunt.

Qualiter obsessi fuerunt tartari et ciuitatẽ quã ceperant reddiderunt Capitulũ sextũ

Ex vero Cyampagu hijs auditis de locis alijs isule nauibus p̄curatis cũ exercitu suo nauigabat Cyampagu et obsedit ciuitatẽ quã obtinuerũt tartari. Tanta aũt diligencia omnis introitus et exitus ciuitatis custodiri fecit cp̄ nullus vnq̃p̃ ad eos ingredi de exteriorib⁹ potuit neq̃z de interioribus potuit ciuitatẽ exire Sicq̃z septẽ mensibus inclusi et obsessi fuerunt ab exercitu magno cp̄ magno kaam nõ potuerunt p aliquẽ nunciũ aliquid intimare Videntes aũt se presidiũ a suis habere nõ posse saluis p̃sonis oĩm ciuitatẽ illi regi Cyampagu libere tradiderũt et post modũ ad p̄pria redierunt Hoc aũt fuit anno dñi millesi mo ducentesimo sexagesimo nono.

De ydolatria et īcredulitate viroꝶ ❧ Capitulū septimū.

In hac insula Cyampagu et in regionibus illis ydo
la sūt multa caput bouis habēcia q̄dā vero porci alia
q̄ arietis siue canis aut alioꝶ aialiū diuersoꝶ Quedā eciā
ydola ibi sunt habencia quatuor facies in capite vno Alia
eciā sūt que tria capita h̄nt vnū scz̄ supra collū et duo alia
sup humeros hincinde Quedā aūt h̄nt q̄tuor manus alia
decē alia vero centū Illud āt ydolū q̄d plures man⁹ ha
bet vl' habuit āplioris esse vtutis creditꝰ Cū aūt q̄ritur ab
īcolis Cyampagu horū causā cōiter nichil aliud r̄ndere
sciūt nisi q̄ sit ab eorū patrib⁹ creditū et tale ab illis credici
onē h̄nt volūt q̄ imitari et credere q̄d imitati sūt prēs eoꝶ
Habitatores vero insule Cyampagu qn̄ hoiēm extraneū
capiūt si captiuus p̄t pecunia redimi illū dimittūt recepta
pecunia Si āt p̄ redempcione sua p̄ciū habere nō potest
occidūt illū et coctū manducant ⁊ ad huiusmodi cōuiuiū
inuitant cōsanguineos et amicos q̄ carnes illas libentissi
me ꝓmedūt dicentes h̄uanas carnes ceris carnib⁹ ee̅ meli
ores

De multitudine īsularū regionis illius et de eorū fructib⁹
Capitulū octauū

Mare illud vbi est insula Cyampagu est occeanū Et
q̄r mare cym B est mare magy q̄r puincia mangy ē in
littorib⁹ eius In B mari vbi est Cyampagu sūt insule alie
plurime que cū diligencia ꝓputate a marinarijs et pedota
rijs regionis illius inuēte sūt septē milia ccc. lxxviij quarū
maior p̄s ab hominib⁹ inhabitāt In oibus āt insulis p̄
fatis oēs arbores odorifere sūt neq̄ eni ibi vgulta crescūt
q̄ nō sunt odorifera valde et vtilia Ibi sūt aromata infini
ta Ibi pip albissimū est vt nix de nigro est eciā ibi copia
maxima Negociatores āt p̄ciū illarū raro accedūt illuc p̄

b 3

annũ ꝯtinuũ sũt in mari q̃ in hyeme vadunt et in estate re‐
deũt duo soli venti in mari illo regnãt vnus in hyeme ali⁹
in estate Est eciã hec regio multũ distãs a littorib⁹ yndie
de hac regione q̃ ibi nõ fui narrare nichil ꝯcludo Rcũta‐
mur igit ad portũ zayzen vt iñ ad alias r̃giones ꝑcedam⁹.

De ꝓuincia zyamba   Capitulũ nonũ

Ost recessũ igit a portu zayzen nauigando ꝑ garbinũ
ꝑ mille et quingẽta miliaria puenit ad ꝓuinciã zyam
ba que magna é valde et multaꝝ opũ hec ꝓuincia ꝓpriam
linguã habet et ꝓpriũ regẽ et sectat ydolatriã Anno dñi.
Mcc ⁊ lxviij misit magn⁹ kaã Cublay vnũ ex suis princi
pibus noïe sagata cum exercitu magno vt eius dñio illã ꝓ‐
uinciã sbiugaret Inuenit ãt ciuitates tã fortes ⁊ tã fortissi
ma castra ei⁹ ꝙ neq̃ citates neq̃ castra capere potuit ſ; q̃
r̃giones villas arbores deuastabat ꝑmisit r̃x zyamba ãnu
ati mãgno kaã tbuta ꝑsoluere si cũ cũ pace volebat dimitte
cũ Cõcordia discessit exercit⁹ et rex ille elephãtes xx pul
cherrimos ãnis singul' mittit ad regẽ Ego marc⁹ fui i hac
ꝓuicia vbi regẽ ãtiquũ iueni bñte vxorũ multitudinẽ ex q‐
bus mares et feiãs habuerat ccc xxxvi c et l. iã poterãt de‐
ferre arma In hac regione multe infãtes sũt ⁊ ligna aloe
sũt ibi i copia magna Sũt eciã ibi nemora de lignis ebani.

De insula magna laua   Capitulũ decimũ

Dimissa ꝓuincia zyamba nauigat int meridie et syro
chũ ꝑ miliaria ccccc. puenit ad magna lana q̃ in circui
tu suo habet mensurã miliarioꝛũ triũ miliũ In hac insula
rex est qui nemini est tributarius Ibi est pipis nucũ mus‐
catarũ spice galange cubelarũ gariofoloꝛũ et ceteroꝛũ aro
matũ copia maxima Negociatores multi ibi cõfluunt q̃
lucra magna pcipiũt Des habitatores insule ydolatre sũt
magnus kaam nondũ potuit eã obtinere

De puincia laach   Capitulū undecimū.

Dimissa insula Iana itur inter meridiē et garbinū per miliaria viij. et puenit ad insulas duas q̄ dicunt sandur et candur ultra quas ad. cccccc. miliaria est puincia laach que grandis est et ditissima valde rege ꝓpriū et linguā ꝓpriā habet nulli tributū reddens nisi soli ꝓpo regi. Est enim fortis valde et a nemine pōt inuadi Incole puincie ydolatre sūt In hac puincia crescūt birci q̄ domestici sūt et magni ut limiones qui valde boni sūt. Et sūt ibi elephantes multi Et ē ibi porcellana que p moneta expenditur de qua dcm est sup Ad hanc puinciā pauci de alijs regionibus cōfluunt qr regio nō est bn domestica

De insula pentayn   Capitulū duodecimū.

Post discessū a laach nauigat̄ p miliaria quigēta v̄sus meridiē et inueit̄ isula pētayn q̄ et r̄gio siluestris valde ē Ibi sūt nemora arboꝛ odoris magni τ magne utilitatis Int̄ puinciā laach et pētayn p miliaria xl. nō inueit̄ altitudo maris ultra passus qtuoꝛ ꝓpt qd opz nautas eleuare gubnacula seu temones pueit ad regnū malcyur ubi sūt aromata mlta i copia maxima Est eciā ibi ꝓpriū ydeoma

De insula q̄ dicitur iana minor   Capitulū xiij

Ultra insulā pentayn p syrocū post miliaria Centū inueit̄ insula q̄ dr̄ Iana minor q̄ in suo ābitu ꝓtinz miliaria duo Ibi sūt octo regna cū singulis regibus et ē ibi ꝓpria lingua Et oēs habitatores huiꝰ insule ydolatre sunt Ibi enim est oim aromatū copia quarū similitudinē nūq̄ vidimus citra mare Nec regio in tm est ad meridiem posita q̄ de ipa polus articus videri nō poterit stella. s. illa que dicitur wlgariter tramotana Ego āt marcus fui in sex r̄gnis huius insule. s. in regno ferlech bosmā dragoiā lambri et farfur In alijs autem duobus non fui Primo igitur dicā de regno ferlech.

De regno ferlech — Capitulū xiiij.

Occasione sarracenoꝝ negociatoꝝ quoꝝ ad regnū ferlech ꝯfluit multitudo habitatores illius regni qui habitāt in regione maritima acceperunt legē miserabilis machometti Qui aūt in montibus habitant legē non hn̄t sed bestialiter viuūt Et primā rem cui⁹ occasum mane habent qn̄ surgunt pro deo hn̄t vel adorant. Dim animaliū mūdoꝝ et imundoꝝ et eciā hoim carnes manducant

De regno bosman — Capitulū xv

Regnū vero bosmā linguā ꝓpriā bz hoiēs enī valde bestiales sunt dicūt enī se sbiectos esse magno kaam. sed ei nō soluunt t̄buta Qn̄qꝫ tn̄ mittunt iocalia aialiū siluestriū. Ibi sunt vnicornes magni valde qui paꝝ miōres sūt elephantibus Unicornis enī pilū bz bubali pedē autē habet ad similitudinē elephātis caput bz vt aper qō semp̄ habet incuruatū ad terrā In luto libenter moraƒ et ē aial' valde turpe In fronte media cornu vnicū habet grossum valde et nigrū linguā spinosā bz spinis magnis et grossis impletā cū lingua buat et hoies et aialia maxime ledit In ɓ regno symee ml̄te sūt diuersaꝝ manierū qrū quedā puu̅ te sūt hn̄tes facies hoi similes et in ceteris eciā mēbris corpis multū hoibus silanƒ venatores eas capiūt et depilant pilos tn̄modo in barba dimittentes et in locis alijs ad silī tudinē hois Post ɓ eas mortuas in formulis ponūt et in spēbus ꝯficiūt ne mercescāt deī eas desiccāt et negociatoribz vendūt qui eas p diūsas mundi ptes deferūt et faciūt multos credere q̄ sunt hoies ita pui̅ In hoc eciā regno ml̄ ti inueniūƒ austures nigri vt corui q aues optime capiunt.

De regno samara — Capitulū xvi

Post regnū bosman inuenif regnū samara in eadē insula in quo regno ego marcus duob⁹ mensibus fui cū socijs imoratus qr tps nauigacioni aptū habere nō potuimus Descēdimus eni in terrā et ibi castra lignea cū ppugnaculis fecim⁹ in quib⁹ maiori pte tpis morabamur bestialē illius patrie pplin metuentes qui libentissime cedūt carnes huānas In hoc regno nō apparet polus articus qui wlgariter dr transmōtana nec eciā apparent stelle vrse maioris quas vulgus noiāt currū magnū habitatores regni illius ydolatre sunt et valde in suis moribus bestiales et valde siluestres pisces optimi ibi bnt in copia maxima triticū ibi nō crescit sed de riso pane cōficiunt Vineas nō bnt sed vinū boc mō faciūt Sūt ibi arbores multe pue que assīliātur palmis quarū singule ramos quatuor bnt et vt plimū certo āni tpe ramos incidūt et ad singulos ramos ligāt vrceos singulos in quibus fluentē arboris buōrem colligūt sicut colligif aqua vitis In tanta aūt copia ille liquor habūdat qp inter diē et nocte replef vrceus qui ad ramū est alligatus Postea rursū euacuatos vrceos reponunt ad ramos et sic diebus plimis bec vindemia durat Deiñ ad pedes arboris aquā effundūt qn iā arbor guttas emittere desinit et post modicū rursū humor fluere incipit sz nō tāti valoris vt prior et boc liquore p vnio vtūtur de quo copiam bnt magnā et ē valde grati saporis Colorē bz albū τ rubeum ad similitudinē vini In hac regione sūt nuces indice in copia maxima que magne sūt et optime habitatores huius patrie omnibus indifferenf carnibus vtūf in cibū

De regno dragoyam Capitulū xvij
Regnū vero dragoyā vbi colūt ydola regē ppriū bnt et eciā ppriam linguā Ibi boies sūt valde siluestres Est ibi psuetudo talis qn quis guiter infirmaf psāguinei ei⁹ magos τ incātatores ad illū adducūt τ infrogāt an ille

valebit liberari Illi aūt scd̄m rn̄sa demonū sibi fc̄a de illius qualescencia vel morte rn̄dent Si dicūt infirmū liberari nō posse conuocant illos qui sciūt optime et facillime infirmos occidere et os infirmi cōcludūt ita vt faciliter ābelitū pdant quo mortuo carnes illius incidūt et coquūt et ꝯgregati in vnū oēs ꝓsanguinei eius illas carnes cū medull' omnibus comedūt Dicūt enim q̄ si carnes illius putrescerent ꝗuerterent in vermes postea fame morerent Et aia defūcti illius ex hoc grauissime penas paterer Ossa in caunis monciū sepeliūt ne possint ab hoīe vel a bestia tangi. Qn̄ homines regionis illius aliquē capiunt de ꝑtibus alienis si se pecunia nō pōt redimere ipm occidūt ꝉ comedūt

De regno lambri   Capitulū xviij.

Liud ꝓfate insule regnū dicitur lambri vbi sūt valde multa aromata Ibi crescunt birci in maxima copia Postq̄ creuerūt transplantant et tribus ānis in terra dimittunt postea cū radicibus euellunt et de hijs bircis ego marcus portaui mecū venecias et ibidē seminari feci s̄ q̄ requirunt calidissimā regionē non poterant nasci Regni huiꝰ incole ydolatre sunt In hac regione quoddā ē valde stupendū Sūt ibi hoīes multi qui bn̄t caudas vt canis lōgitudinis palme vnius hij hoīes caudati nō sunt in ciuitatibus sed in montibus habitant. Ibi eciā sunt vnicornes multi et alia animalia multa valde

De regno farfur   Capitulū xix

Extū vero illius insule regnū dr̄ farfur vbi nascitur camphora melior q̄ alibi valeat repiri que eq̄li pōdere ꝓ auro ꝯmutar pane de riso faciūt et tritico carēt lacte habūdāt quo vescūt vt plimi vinū de arboribꝰ bn̄t de quibꝰ dcm̄ ē in regno samara In hac regione sūt arbores mlte magne grossitudinis que bn̄t sbtilissimū cortice sb corti

ce vero farina ē optima valde de q̄ delicata cibaria ppant
de quibus ego marcus pluries comedi In alijs duobus
insule regnis nō fui ideo de eis nil aliud recitabo.

De insula necuran   Capitulū xx.

Ost recessū de insula yana ex pte regni lambri proce
ditur p mare ad centū et quinquaginta miliaria et in
ueniūt insule due. ſ. Necuran et augaman Populus aūt
insule necuran regē nō habēt bestialiter viuūt valde. hui⁹
habitatores insule mares et femine nude vadūt et in nulla
pte corpis tegūt Et ydolatre sūt Nemora sūt ibi arborū
sandaloz rubeorū nucū yndie et gariofolarū et habent co
piam birtiorū et diuersaz specierū aromatū

De insula angaman   Capitulū xxj.

Alia insula q̄ dr angamā que magna ē Cui⁹ ppl's ydo
la venerāt et bestialit valde viuūt hoiēs eius siluest
res atz crudelissimi sūt riso lacte et carnib⁹ vescūt nullam
carnē abhoinat i cibū. hūanas ei carnes ꝯmedūt hoies ibi
valde deformes sūt nā caput q̄i caninū bnt et oc'los canib⁹
similes Ibi oim aromatū copia ē Sūt eciā ibi fructus va
rij ⁊ diuersi circa marinas ptes frcibus nris valde dissiles

De insula magna seylam   Capitulū xxij.

Ost recessū ab insula angaman p miliaria mille vsus
garbinū inuenit insula seylā que vna ē de melioribus
⁊ maioribz insulis mūdi hās in gyro mille miliaria duo mi
liaria et xl. Fuit tn aliqn maior qz sicut in illis ptib⁹ ē fama
cōis gyrū ei⁹ ꝯphendebat aliqū mille miliaria et cccccc mi
liaria Vēt⁹ at veniēs vehemēs a r̄gione tūsmōtana sic for
tis in ānis multis in ī sulā irruit ipetu maximo vt multis ex
marinis mōtibus cadentib⁹ multū ex insulis territoriū pī
clitet ⁊ occuparēt maxima loca terre Insula hec rege oi

tiſſimũ h3 qui nulli tributari⁹ ē Boiés inſule ydolatre ſũt
et oés nude ãbulant mares et femine ɓ quilib3 verecũda
opīt pãno vno Nullũ bladũ bñt excepto riſo Carnib⁹ ri
ſo et lacte viuũt habũdancia bñt ſeminũ ſolũmõ de quib⁹
oleũ faciũt bñt biricios meliores mũdi qui ibi creſcũt Ali
nũ eciã bñt de arborib⁹ de quib⁹ dcm̃ ē ſup in regno ſama
rã In hac iſuſa lapides pcioſi iueniũt qui dicũt Rubini
qui i regionib⁹ alijs nõ inueniũt vel bñt. Multi eni eciã
ſaphiri et topacij et amatiſte ibi ſunt multiq3 alij lapides p
cioſi Rex huius inſule habet pulchriore rubinũ qui vnq̃
fuit viſus in hoc mũdo habet enim vni⁹ palme longitudi
nẽ et ad menſurã groſſiciei brachij hois Eſt ãt ſplendid⁹
ſup modũ omni macula carens adeo vt ignis ardens vide
atur eſſe Magn⁹ kaam Cublay nuncios ſuos direxit ad
illũ rogans vt prefatũ lapidẽ illi donaret et ipe donaret ei
valore vnius ciuitatis Q̃ ui rñdit q̃ lapis ille ſuor erat an
ceſſorũ nulli eũ vmq̃ homini daret Hui⁹ inſule hoiés bel
licoſi non ſunt ſed valde viles Quando autẽ bella cũ alig
bus habent de alienis ptibus ſtipendiarios vocant et ſpe
cialiter ſarracenos

De regno maabar Capitulũ xxiiij.
Vltra inſulã ſeylã ad miliaria xl iueniũt maabar q̃ ma
ior india nũcupat N̄ õ ãt ē inſula ɓ terra firma. In
hac puincia quiq3 reges ſũt Prouicia ē nobiliſſiã et diſſ
ſima ſup modũ In pmo hui⁹ puicie rex ē noie Seudeba
i quo regno ſũt margarite i copia maxiã In mari eni hui⁹
puincie ē maris brachiũ ſeu ſinus int firmã terrã et inſulã
q̃dã vbi nõ eſt aquar pfũditas vltra decem vel duodeci
paſſus et alicubi vltra duos Ibi inueniũt margarite ſup
oce Mercatores eni diuerſi ſocietates adinuicẽ faciunt z
bñt naues magnas et puas hoiésq3 cõducuut qui deſcen
dũt ad pfundũ aquarũ et capiunt cõchilia in quibus ſunt

margarite Qñ autē hij piscatores sustinere nõ pñt ascendunt rursūqz descendūt in mare et sic pagūt tota die Sūt
aūt in sinu illo maris pisces ita grandes qui occiderēt des-
cendentes in mare sed per negociatores hoc modo illi pi-
culo puidetur cōducunt negociatores magos quosdā qui
dicūtur Abrayanna qui cū incātacionibus suis et arte dyabolica cogunt et stupefaciunt pisces illos ita vt neminē
possint ledere Et quia huiusmodi piscacio de die τ nõ de
nocte fit magi illi de die incātaciones faciunt quos sero p
nocte dissoluunt Timent enim quis furtim sine negociato-
rū licencia mare descendat et accipiat margaritas Fures
aūt metuentes in mare ascendere nõ attemptant nec aliqs
alius inuenitur qui sciat huiusmodi incantaciones facere
nisi illi abrayanna qui a negociatorib⁹ sūt cōducti Nec āt
piscacio i mari fit p totū mensem aprilis vsqz ad mediū mēsis may et tūc de margaritis illis hētur innumera multitudo quas negociatores postmodū diffundūt p orbem Negociatores aūt qui hanc piscacionē faciūt et emunt a rege
de omnibus margaritis solūmō decimā ptē soluunt In-
cantatoribus aūt qui stupefaciunt dant de omnibus vige-
simā ptem piscatoribus eciā optime puidetur. A medio
vero may vlteri⁹ nõ repiuntur ibidē sed in loco alio qui ab
isto p ccc miliaria distat hētur margarite in mari p totum
mēsem septēbris vsqz ad mediū mensem octobris Totus
huius puincie pplus omni tempore nudus incedit p āno
tū vno verecūdia opit Rex eciā huius regni nudus vadit
vt alij sed ad collū defert torquē aureā saphiris smaragd
et rubinis alijs qz preciosissimis lapidibus vndiqz cooptā
q̄ torques est maximi pcij supra modū. Similiter eciā ad
collū eius torda de serico pendet in qua sūt centū et q̄tuor
lapides preciosi margarite videlicet grossissime et rubini
Oportet enim eū singulis diebus centū et quatuor ordēs
dicere de mane ad deorū suorum reuerenciā et de sero si-

militer totidem. defert aūt rex tria artificia ad singula brachia z ad crura q̄ oīa sunt lapidibus p̄ciosis coopta Ad di
gitos aūt manuū defert rex lapides preciosos. Valent āt
vnā optimā ciuitatē p̄ciosi illi lapides quos rex ille sup se
cōtinue defert de margaritis eni q̄ capiūtur ibi rex p se me
liores et grossiores accipit/insup̄ rex p̄fatus ccccc. vxores
habet et vni de fratribus suis vxorē abstulit sed ille irā eīˀ
metuens iniuriā dissimulauit

De regno far et moribus et de ydolatria incolarū eius
Capitulū xxiiij.

Habitatores regni far oēs ydolatre sūt multiq̄ ex eis
bouē adorant dicentes bouē esse rē scissimā. neq̄ aūt
bouē occidūt neq̄ carnē eius ob reuerenciā comedunt Cū āt
moriūt boues adypem cor̄ accipiūt et eo domos suas pū
gūt. Inter hos āt ydolatras quidā alij sunt alterius secte
qui dicūt gony qui boues nō occidunt sed si p̄pria morte
decedūt aut ab alijs occidūt tūc bene comedūt carnes eorū. ferunt in regione illa cp̄ hij sūt de eorū p̄genie qui occiderūt beatū thomā apl̄m nullus āt ex eis ingredi p̄t eccia2̄
vbi est corpus eius Decē eni hoīes vnū ex illis intromitte
re non possent in illā ecciā̄ In hac p̄uincia sūt multi ma
gi augurijs z incātacionibus et diuinacōibus intendētes
In hac p̄uincia sūt multa monasteria ydolor̄u vbi multa
ydola sūt Multi āt ydolis ad que āpliorē reuerenciā hn̄t
filias suas offerūt Puelle tn̄ bitant in domibˀ patrū Cū
āt monachi volūt solēpnia festa facere ꝯuocāt puellas ydo
lis oblatas q̄ venientes coreas an̄ ydola faciūt et cātus mḡ-
nos sepe aūt p̄fate puelle cibaria secū ferūt et mensam āte
ydolū faciūt et tādiu an̄ eū dimittūt donec magnˀ p̄nceps
morose possit p̄endere Interi āt an̄ ydolū cātant atq̄ tri
pudiāt z credunt cp̄ tunc deˀ ille ius carniū p̄edat Post h̄
ꝯedūt ad mensā p̄paratā cū magna reuerēcia Dijs oibus

de condicionibus τ mirabilibꝰ regionis qui redeūtes captiuū quē q̄ sierūt reduxerūt et int̄ cetera q̄ de insulis referebāt dixerūt apros esse magnos bubali et q̓ ibi erant gyraffe et onagri ī copia magna et alia aīāncia multa quoꝝ ipēs in nostris regionibus nō habemus

De insula zanzibar   Capitulū xlj.

Īnueniť postea īsula zanzibar q̄ in gyro capit duo milia miliaria. Ibi est rex pprius et lingua singularis. Oēs eciā insule habitatores ydolatre sunt Sūt eciā corpe grossi sed altitudo corpis grossiciei pporcione debita non rn̄det Nā si ptenderet in altū iuxta qd grossitudo requireret absqꝫ dubio viderenť esse gygantes fortes tn̄ sūt valde nā vnus illoꝝ tn̄ oneris defert quātū sustineri possent quatuor viri de alia regione vnus eciā ex illis p quinqꝫ alterius regionis cibū assumit oēs nigri sūt et nudi incedunt sed verenda operiūt capilloꝝ tā densā crispitudinē bn̄t vt cū aqua vix possint extendi os bn̄t magnū valde τ nares v̄ sus frontē supiꝰ releuatas aures grādes et oculos bn̄t horribiles Mulieres vo eoꝝ sili mō deformes sunt valde os magnū bn̄tes nares grossas et oculos pēminctes manꝰ vo grossiores bn̄t in qdruplo q̓ bn̄t aliarum genciū mulieres Populus hic carnibꝰ lacte riso et dactilis vesciť Alineis carent sꝫ pocionē p potu cōi optimā faciūt de riso zucharo et dactilis et alijs spēbus mercacōes ibi maxime sūt τ spalit̄ de ambra et dentibꝰ elephantū Ibi enī elephātes sunt multi et cete grādia in mari illiꝰ insule capiūt Viri īsule illiꝰ vel huiꝰ fortes sūt valde et bellicosi τ de morte nō curare vid̄eť Equos n̄ bn̄t sꝫ cū elephātibꝰ et camelꝰ ad bella pcedūt Faciūt aūt sup elephantes lignea castra tātē magnitudinis vt sup vnū ex castris stent viri muniti ad prelium xvi vel xx cū lanceis et gladijs et lapidibus pugnant qui in huiusmōi castris sūt Castra āt illa sūt asseribꝰ coopta Cū igi

tur debeant ad bella pcedere pmo elephantes potāt illa
optima pocione quā p se pplus terre bibit vt audaciores
fiant ex huiusmōi potu. In hac insula sūt leones mīti qui
leonibus aliarū regionū valde dissimiles sūt et ibi leopdi et
leoncie in multitudine magna sūt Similiter et bestie oēs
insule huius sūt dissimiles bestijs q̄ bnt in regionibus alijs
Ibi verueces albi caput nigrū bntes et tales sunt oēs qui
bnt in insula Ibi sūt gyraffe multe collū longū bntes pas
sibus tribus anteriora vo crura sūt longa posteriora vo sūt
breuia Capita vo eaȝ sūt pua et color eaȝ vari albus rube
us Nialia quidē māsueta sūt gyraffe pōce et neminē ledūt

De multitudine insularū yndie   Capitulū xlij.
Licet mlta de yndia scripserim nō tn scripsi nisi de pn
cipalioribus insulis Ille āt quas obmisi scribere de
scriptis insulis sūt sbiecte Est āt tanta multitudo insularū
yndie q̄ viuēs homo nō posset eaȝ pdiciones recitare Si
cut enim asserūt marmarij et pedote magni regionū illarū
Et sicut habet ex scriptura et nota ppassuū maris yndici
In ipo mari yndie sūt insule numero ʙccclxxviij. oms
insulas vt aiūt habitatas vlr pputādo Descriptis igitur
sūmarie insulis pncipaliorib⁹ et regionib⁹ maiorib⁹ insule
q̄ ptendūt a puincia moabar vt ad regnū Resmacoron ʒ
miōris yndie Cuius ti sūt a regno Cymbal vsqȝ ad regnū
murfyl

Nūc de regionibus pncipaliorib⁹ yndie seu mediane yn
die disseram⁹ q̄ speciali noīe dr Abascia   Capitulū xliij
Abascia igitur est puicia maxima q̄ in septē regna diui
ditr vbi sunt reges septē quoȝ vnus qui cetis peminȝ
est xpianus Alij vo sex ī duas diuisi sūt ptes Tres quidē
ex ipis xpiani sūt Tres vo alij sarraceni. Xpiani bus prīe
signū aureū bnt in frōte ī crucis modū qd eis qn baptizāt

imprimūt Sarraceni vero huiusmōi signū bñt in frōte vsqʒ ad nasi mediū. Sunt in ipa ꝓuincia iudei multi q̃ cū ig
nito ferro signati et cauteuʃati ʃūt in vtraqʒ maxilla Rex
āt maior in vtraqʒ ꝓuincia habitat Sarraceni vō in extre
mis ꝓuincie habitāt vʃus ꝓuinciā aden In ꝓuincia adē
ꝓdicauit beatus thomas apl̃us vbi multos populos ꝯuer
tit ad xp̃m Poʃtmodū ʃe trāʃtulit ad regnū moabar poʃt
multorū ꝯuerʃionē fuit martirio coronatus vbi etiā cor
pus ʃuū ʃanctiʃʃimū requieʃcit ʃicut ʃuperius dc̃m eʃt In
hac ꝓuincia boni milites ʃūt et probi et in armis ʃtrennui
valde q̃i aūt cōtinua bella bñt cū ʃoldano de aden et cū nu
bianis in alijʃqʒ infinitis multis ī minis cōʃtitutis

¶ De quodā epo xp̃iano quē ʃoldanus aden fecit circūcidi
in iniuriā fidei xp̃iane et regis abaʃcie et de magna vindic
ta   Capitulū xliiij.

Ano dn̄i M cc lxxxviij Rex p̃ncipalior hui⁹ ꝓuie a
lias ꝓuincie abaʃcie voluit ī ih̃rl̃m viʃitare ʃepulch̃r
dn̄i nr̃i ih̃u xp̃i Cūqʒ ꝓpoʃitū ʃue deuocionis baronibus
declaraʃʃet diʃʃuaʃū illi ab oībus extitit ne pʃonaliter illuc
iret metuebāt ei ne ʃiniʃtr̃ aliquid ei ī via accideret q̃ erat
trāʃiturus p̃ terras ʃarracenor̃ infidelium. Cōʃuluerūt igit
vt epm̃ quendā ʃc̃m regionis illi⁹ ad venerabile ʃepulch̃rū
deʃtinaret p̃ quē illuc ʃue deuocōis dona trāʃmitteret qui
eor̃ acquieʃcēs ꝯʃilio cū oblacione ʃolēpni p̃fatū illuc direx
it epm̃ Cū āt rediens p̃ terrā trāʃiret regis aden cui⁹ īcole
ʃarraceni ʃunt et bñt ʃūme xp̃ianos exoʃos Rex adē p̃ʃa
tū cepit epm̃ audiens ipm̃ xp̃ianū eʃʃe et nunciū regis abaʃ
cie ꝓuincie Cūqʒ eps fuiʃʃet regis aʃpcibus p̃ntatus ꝯmi
nat⁹ fuit rex epo valde duriʃʃime niʃi abnegaret xp̃i nome
et legē ʃuʃcipet machometti Eps vo conʃtanti aīo in fide
dn̄i pʃeuerans voce ʃe ʃponte obtulit moriturū an̄q̃ a xp̃i
fide ⁊ caritate deficeret Tūc ʃoldanus aden ipm̃ circūcidi

k 3

mādauit in dēspcū fidei xp̄iane ⁊ sui regis abascie qui xp̄i
anus erat Dimissus igit̃ eps circūcisus puenit ad regem a
bascie Tūc rex cū audisset q̃ circa ipm̄ gesta fuerant in ira
p̄digna cōmot⁹ exercitu magno cōgregato peditū et equi
tū et elephantū cū castris p̃tra terras regis aden mouit ex
ercitū Soldanus v̄o aden reges duos secū bn̄s occurrit il
li cū exercitu mg̃no p̃miserūt āt ad inuicē p̃liū et occisis ml'
tis de exercitu regis aden Rex abascie victor extitit ⁊ rur
sum ad regis aden interiora puenit ac p̃cessit Sarraceni
āt in tribus locis illis volentes obsistere ne tn̄siret semp̃ fu
erūt debellati ab exercitu regis abascie Moratus ē vero
rex abascie in terris regis aden post victorias mense vno
p̃tinue deuast̄as regionē Post hoc cū honore magno ad
p̄p̃ria redijt imanitate sceleris reg̃ aden optime vidicata.

De diūsitate bestiarū regis p̃uincie abascie ☙ Capl'z xlv
Bascie populus carnib⁹ lacte et riso vescit̃ et vtitur
oleo de sosma m̄lte citates ibi sūt et opida multa Ibi
siūt mercacōes maxime buchiran⁹ optim⁹ et bōbacini pā
ni in copia maxima ibi sūt. Elephantes multi sūt ibi licet
non vescāt s̄ illi de alijs p̃tibus yndie deserūtur Ibi nas
cūt gyraffe multe leones leopdi et alia aīalia multa valde
dissimilia tn̄ n̄ris Ibi sūt onagri multi et aues diuersarū
spēz quas in regionib⁹ n̄ris nō bēm⁹ Ibi sūt galline pulcherrime Ibi sūt struciones grandes vt azini papagalli si
ue epymachi multi et pulchri sūt ibi et diuersarū manerie
rū symee Catti pauli et catti manones qui būanas oīno ef
figies habere videntur.

De p̃uincia aden ☙ Capitulū xlvi.
Aden p̃uincia regē bz quē soldanū vocāt. Incole p̃
uicie hui⁹ oēs sarraceni sūt et xp̄ianos sup̃ modū hn̄t
exosos Ibi sūt citates multe ⁊ castra multa Ibi ē portus

optimus ad quē multe naues de yndia ꝯfluūt aromata de
ferentes ⁊ negociatores qui emūt aromata vt in alexādriā
ea deferant ⁊ ꝑ dictas septē suꝑ fluuiū deducūt postmodū
suꝑ camelū ponūt et ꝑ xxx dietas cū camelis vadūt donec
ad fluuiū alexandrie veniāt ibi ea rursū in naues alias tr̄s-
ferētes vsq̢ ad alexandriā deducūt Nec via facilior ⁊ bre
uior ē q̢ negociatores facere possūt qui marcacōes et aromata de yndia ad alexandriā deferūt p eandē eni viā equi
a marcatoribus deducūt in yndiā Rex āt aden fructus tā
magnos p̄cipit de mercacōib9 q̢ p suū ducūt territoriū q̢
ob ꝑuentus inumeros ipe vnus de diciorib9 regib9 ē qui
in mūdo sūt Q̄ ñ soldanus babilonie obsedit achon et ex
pugnabat eā Anno dn̄i M cclxx. soldanus de adē misit
in auxiliū eius equitū xxx milia et cccc milia camelorū hoc
autem nō idō fecit q̢ soldanū babilonie sic diligeret ƒz solū
quia amarissimo odio oderat xp̄ianos vltra portū regni a
den ad miliaria xl est ciuitas vna maxima nomine Escyer
in eadē ꝓuincia q̢ sita est ad septētrionalē plagā regni mul
tas sub se ciuitates habens et castra multa et est subiecta
dominio regis aden Juxta hāc ciuitatē portus optimus
est Dés hui9 patrie insule incole sūt sarraceni. de hoc por
tu tam innumera multitudo equor̄ a negociatoribus de
fertur in yndiā vt de multitudine ipa vix narrantibus cre
di posset In hac prouincia est copia magna thuris albi et
optimi qd̄ de puis arboribus q̢ similes sunt abietibus gut
tati fluit. Incole enim huius regionis crebris incisionib9
p̄forant et incidūt cortices arboris et de incisionibus illis
profluunt extra corticē gutte thuris Similiter eciā absq̢
huiusmōï incisionibus multū de huiusmōi liquore fluit ex
eis ꝓpter calorē maximū regionis illius et postmodū idu
rescit. Sunt eciā palme multe que dactilos optimos faci
unt et copiose Nullū bladū ibi nascitur p̄ter risum et de il
lo modicū ibi crescit Oportet autē vt illuc blada de regio

nibus alijs deferantur. Pisces habentur hic in copia mag
na et optimi quos vulgariter tuinni vocamus vineis caret
sed vinū optimū de dactilis riso et zucharo faciūt In hac
regione sūt verueces statura pui qui neq3 aures habent oi
no nec formā aliquā loco auriū sed vbi cetera animalia au
res bñt ibi habent duo cornua puula Aĩalia regionis illiꝰ
.i. equi boues aues atq3 cameli ad esū pisciū assueta sunt ⁊
ille est cõis et cotidianus cibus eoꝝ Nam quia terra illa
pre calore est arida supra modū Ideo herbas nõ germi-
nat neq3 blada ꝓpter qð pisces animalibꝰ in cibū exhibēt
Tribus autē anni mensibus fit ibi captura pisciū mirabilꝰ
.s. marcio aprili et maio ita ꝙ stupor maximus sit de tam i
extimabili pisciū captura hos pisces siccant et buant ꝑ totum annū animalibꝰ prebent. Similiter eciā aialia pfata
illius regionis pisces recentes eciā ⁊ siccos cõedūt ꝙꝙ ad
siccos magis assueta sunt faciunt āt incole huius regionis
panes bis coctos de piscibus suꝑdictis Nam pisces mag
nos minutati ⱥterunt et minuta illa fragmēta ꝯsꝑgūt et cõ
glutinant et ꝯmiscēt simul sicut et de farina fit qn panis de
bladi pasta conficitur post hoc panes illos ad sole desiccāt
qui deinde ꝑ totū annū optime cõseruantur

De regione quadā vbi tartari habitant in aquilonari pla
ga Capitulū xlvij
Terminatis hijs ꝗ de yndia et quibusdā ethiopie regionibꝰ narare disposui Nūc autem anꝗ huic libro
finem imponā ad regiones quasdā optimas ꝗ sūt in extremis ꝑtibus aquilonis de quibus suo loco in suꝑioribus libri ꝑtibus narrare obmiserā grā breuitatis redeamus.
In regionibus quibusdā in aquilonaribus fminis ꝯstitu
tis vltra polū articū multi tartari habitant regē bñtes qui
est de ꝓgenie regis tartaroꝝum qui quidē tartari ritus et
mores seruāt antiquoꝝ ꝓdecessoꝝ suoꝝ qꝫi veri et recti

tartari sũt. Oẽs vero ydolatre sũt τ deũ vnũ colũt quẽ Ne zangaym vocãt quẽ pũtãt tre et oim que pducũt ex ea brẽ dñiũ et ĩo vocãt eũ deũ tre huic ðo falso simulachra τ ymagines de filtro faciũt put de alijs tartaris i supiorib⁹ dcm est. Populus hic neqʒ in castris aut opidis neqʒ i citatib⁹ bitat s in mõtibus et cãpestrib⁹ regionis illius Sũt ãt hij tartari in multitudine maxima et nulla penit⁹ blada bũt s carnibus et lacte vescũt In pace maxima viuũt qz rex eorũ cui oẽs obediũt eos in pace pseruat. Xameloz equozũ boũ ouiũ et alioz aialiũ diuersoz bũt multitudine copiosã Ibi sũt vrsi albi et nigri totalit valde magne longitudinis vt plimũ xx palmoz Ibi sũt vulpes nigre et magne valde Ibi sũt onagri in multitudiẽ magna Ibi sũt eciã aialia p ua q̃ dñt rondes q̃ pelle bũt delicatissimã vltra modũ. hec pelles cebelline vocãt de quib⁹ dcm est sup i sedo libzo cao xx. Sũt eciã ibi varij in copia maxima quoz pelles delicate sũt valde Ibi eciã sũt aialia mgna valde iuxta gen⁹ suũ que dñt ratti pharaonis de quib⁹ capiũt tpe estatis i tãta copia vt vix ipo tpe carnib⁹ alijs ptãt in cibũ Ibi ẽ eciã copia mgna oim siluestriũ aialiũ qz rgio illa siluestris ẽ valde

De regione alia ad quã ppter lutũ et glacies difficilis est transitus siue accessus   Capitulũ xlviij.

In regionib⁹ terre pfate sb dñio regis pfati vel med ratiẽ regio alia mõtuosa in q̃ bitãt hoies qui capiũt aialia pua q̃ pelles bũt delicatas valde vt sũt rõdes de quib⁹ sup dcm ẽ. Almellini herculini varij wlpes nigri τ alia huiusmõi de quib⁹ oib⁹ dcm est sup Ibi sũt in multitudiẽ inumera hoies ãt qui i montib⁹ supdcis bitant ita ca igeniose et artificiose capere sciũt vt pauca sint q̃ possint euadere man⁹ eoz Equi ãt boues τ azini seu q̃cũqʒ alia põdero sa ad loca illa accedere neqũt eo q̃ illa regio hz in planicie lacunas et fõtes et ppt frigiditatẽ nimiã regionis oi tpeẽ

in lacunis glacies ita vt inde naues tñsire nõ possint nec ē
tãte soliditatis illa glacies vt curr⁹ q̄uis aut aiãlia q̄uia sustinere valeat tota illa planicies extra lacunas ꝓpt aquas
q̄ ex multitudine fonciū diffūdunt sic lutosa ē vt nec tñsit⁹
ibi pateat nec currib⁹ nec aialibus põderosis Protendit̄
āt regio hec p dietas tredeci Quia igit ibi ē tãta p̄ciosaꝶ
pelliū copia de quib⁹ lucra maxiā fiūt hoīes regionis illi⁹
tale inuenerūt remediū vt negociatores illaꝶ p̄ciū ad ipõs
possint accessū bre̅ In capite cuiuslibet illaꝶ xiij dietaꝶ q̄-
bus vt dc̄m est ꝑtenditr̄ regio est viculus vnus plures ꝯti-
nens domos in quib⁹ hitant viri qui deducūt et recipiunt
mercatoēs et in quolibet vico huant canes magni vt azini
circa q̄draginta. Nij aūt canes assueti et docti sūt trahere
trahas que vulgariter dicūt in ytalia tragye. Est āt traha l̄
tragula vehiculū sine rotis quo apd̄ nos mōciū hitatores
vtūt̄ Ad vnā āt trahā sex canes ligāt ordine cōgruo A tra-
gule āt supponūt pelles vrsoꝶ sup quos duo sedēt i negociacione qui p pellib⁹ vadit et auriga qui canes dirigit ⁊ q̄-
viā optime nouit Quia igit̄ illud vehiculū ē de ligno leui
ssimo et sbtus est planū ⁊ pollitū ⁊ canes fortes sūt et ad h⁹
mōi officiū assueti nec magna onera vehiculo imponūt canes illi p lutū illud facilit̄ trahūt nec in lutū multū figit̄ tragula in h⁹ tractu Ĉu āt p̄ueniūt ad vicū aliū q̄ē in fine die
te tūc negociator accipr̄ ductore̅ aliū ꝑ scd̄a dicta qn̄ caēs
illū laboꝶ p dietas xiij sustinere nō possent Auriga igit̄ p
m⁹ cū suis canib⁹ ad ꝓp̄riā regreditr̄ māsione̅ ⁊ negociator
ille i q̄libet dieta mutat canes vehiculū ⁊ ductore̅ Sic igit̄
ad mōtes accedit pelles emēs/ ⁊ supdc̄o mō p planicie ad
ꝓp̄ria remeat de h⁹ mōi pellib⁹ in regionibus illis fiunt
cra maxima.

De regione tenebraꝶ   Capitulū xlix.

In finitis ꝑtib⁹ tartaroꝶ regni imediate supius me̅-
rati regio alia ē in extremis hitacionib⁹ septētrional̄

aues oēs nr̄is auib9 sūt dissimiles valde p̄t qualais ille ei
nostris sūt similes Ibi sūt austures nigri vt corui nr̄is ma
iores qui aues optime capiūt Ibi sūt vesptiliones grādes
vt austures

De ciuitate vbi corpus beati thome quiescit et de miracu
lis que ibi fiunt ob merita ipsius ☙Capitulū xxvij.

IN puincia moabar in maiori yndia est corpus beati
thome apl̄i qui in ipa puincia martiriū p dn̄o susce‐
pit Est aūt corpus illud infra terrā in ciuitate pua in qua
pauci cōueniunt mercatores p eo q̄ nō est in loco p nego‐
ciacionib9 apto Ibi sūt multi xp̄iani multi eciā sarraceni
qui de regionibus illis frequentāt apl̄i limina et valde ip̄z
apl̄m venerant dicūt enim ip̄m fuisse magnū ppb̄ctā τ vo
cant amariā. i. boiēm sc̄m xp̄iani āt qui corpus apl̄i visitāt
de terra vbi beatus thomas apl̄us occisus fuit q̄ rubea est
secū reuerent deferunt Sepe enim cū ipa miracula multa
faciūt ip̄az distempatā in aqua aut in alio liquore quicūqz
infirmi bibūt et ex hoc multi a diuersis et magnis infirmi‐
tatibus liberant Anno dn̄i M cc lxxxviij princeps mag‐
nus quidā terre illius collegit messis tp̄e de riso copia mā
na et cū domos ad reponendū ip̄m non haberet ad suū bn̄
placitū aptas oēs domos beati apl̄i thome occupau' Ibi
risū suū recondens inuitis custodibus loci qui cū humilit'
dep̄cabant ne pegrinoꝝ receptacula occuparet qui beati
thome apl̄i limina cotidie visitabant. Nocte āt ei beatus
thomas apl̄s apparuit tenens in manu fuscinulā ferream
quā sup guttur dormiētis apponens ait nisi domos meas
q̄s iniuriose tua temeritas occupauit statim euacues opz te
mala morte pire Euigilās ille stati q̄d ei apl̄s in visu iusse
rat ipleuit xp̄iani āt dco et br̄o thome apl̄o grās egerūt de
visitacione apl̄i pfortati Ille publice retulit visione omni
b9 Multa alia miracula fiūt ibi creberrime ad inuocaci
one beati thome apl̄i in honore fidei xp̄iane

i i

De ydolatria paganorū regni illius ⁊ Capitulū xxviij

IN puincia moabar oēs habitatores loci illius viri ⁊ mulieres nigri sūt Nō tñ sic oīno nascūtur s3 arte sup addūt sibi nigredinē magnā ꝓpter decorē vngūt enim oēs puulos ter in ebdomada oleo de sosma ⁊ ex hoc efficiūtur nigerrimi valde. Cū aūt pulchriorē reputant qui nigrior fuerit/ydolatre qui inter eos sūt deorū suoꝝ ymagines nigerrimas faciūt dicentes deos nigros esse et oēs scōs Dyabolū āt pingūt albū dicentes dyabolos albos esse Cū āt bij qui bouē adorant ad bella ꝓcedūt quilibet secū defert de pilo bouis siluestris Milites pilos bouis ligāt ad suorū equoꝝ crines et pedites ad capillos ꝓprios vel ad crura Credunt enim bouē siluestrē esse tante virtutis et sanctitatis ꝙ quicūqʒ super se de pilis eius habuerit i omni periculo tutus erit Ob hanc igitur causam pili siluestriū bouū magni sunt precij apud eos

De regno murfili et qualiter adamantes inueniūtur ibi Capitulū xxix

Vltra regnū moabar eūdo p ventū ꝗ ōr tramōtana p miliaria mille inueniť regnū murfili qō nemini tbutariū est habitatores ei⁹ carne ⁊ lacte vescūť et riso ydolatre sūt In quibusdā hui⁹ regni mōtibus inueniūt ꝓciosi lapides adamātes Post pluuias eni vadūt hoīes ad riuos p quos aqua dñdit de mōtibus et deficiente in riuulis aqua inter arenas rimāť ⁊ multos inueniūt adamātes Similiť eciā in estate in estu maximo bñt hoc mō mōtes illos mgnos ascendūt nō sine maxima pena ꝓpter estū maximū q ibi ē Est eciā piculosū valde illuc ascedere ꝓpter magnos s3pētes quoꝝ ibi est maxima multitudo Ibi sūt iuxta mōtes et valles quedā vt vndiqʒ i mealibus rupibus circūclu se ꝙ illuc accessus nō pōt esse p hoīes In vallibus istis vľ istis sūt multi lapides adamātes In mōtib⁹ vo illis mľte aquile albe sũt que morant ibidē q̃ vescũt serpentib9 illis p̃dictis. Vij ergo qui volũt adamantes habere de vallibus multa de rupib9 carniũ frustra in vallib9 piciũt q̃ vt pl'imũ sup adamātes cadũt aquile aũt videntes in vallib9 carnes descendũt ad eas et aut eas ibi cōedunt aut ad rupes deferunt cōedendas. Qui aũt obseruant aquilas si vident eas ad mōtes ascendere currũt illuc si locus adiri pōt et expulsis aquilis carnes accipiũt in quibus sepe iueniũt adamātes qui carnibus adheserũt. Si vero aquile i valle carnes comedunt vadũt boies postmodũ ad locũ vbi aquile dormiũt de nocte et q̃ cōedendo carnes deglutire solent adamātes carnibz adhcretes inueniũt eos in stercorib9 aquilarũ et hoc mō inueniũt adamātes in montib9 illis in copia magna. Alij aũt alibi in vniuerso mundo inueniri non p̃nt. Reges et barones regionis illius adamātes pulchriores et meliores p se emũt ceteri vero p orbē a negociatoribus diffundũt. In hac regione fit burchiramis sbtilior z pulchrior qui est i mũdo. In hac puincia sũt maiores arietes qui in mũdo sunt. Victualiũ oim est ibi copia maxima.

De regno lach   Capitulũ xxx

Vrsũ descendit a puincia moabar a loco vbi est corpus beati thome apostoli p ventũ occidentalē inuenitur puincia q̃ dicitur lach vbi habitāt abrayamin qui sup mendaciũ horrent p nulla enim re mendacium loq̃rentur. Sunt eciā casti valde. Nā vnusquisq̃ eor ppria vxore p tentat. Aliena enim rape vel furari oīno timent et cauent. Vino et carnibus nō vtũt nullũ aial'occidũt ydolatre sũt et auguriũ sectant. Cũ aũt volũt rem emere prius vmbrā ppria in sole cōsiderant z scōm sui erroris regulā in illa negociacione pcedunt. In cibo parci sunt valde et magnas abstinēcias faciũt. Sani sũt sup modũ. Sepe eni vtũt herba quadā in cibũ q̃ miromodo ad digestionē cōfert Nũq̃ fleubotomia sanguinē minuūt Sūt inter eos religiosi qui dā in regione illa ydolatre qui p̄ reuerencia ydoloꝝ vitā asprimā ducunt Nudi totaliter vadūt nec se in aliqua pte corporis tegūt dicentes se enudare nō erubescere quia carent omni peccō Bouē adorant At quilibet ipoꝝ boniculū vnū cupreū fronte alligatū defert et oēs se vngunt cū reuerencia maxima vnctione quadā facta de puluerib9 ossiū bouis, scutellis vel incilorijs nō vtūt dū comedūt s̄ oēs suos cibos in arencia sr̄ folia ponūt q̄ sūt de pomis que dicūt de padyso aut sup magna folia sicca Sup viridia folia non manducāt nec eciā virides fruct9 aut herbas virides vel radices virides n̄ comedūt quia oīa huiusmōi viridia dicūt aiata esse iō ea cōedere nolūt timentes grande pccm̄ ꝓmittere i occisione ipoꝝ Neqꝫ enim eadē de causa aliq̄o animal magnū vel puū p̄sumūt occidere nullo mō contra suam legē pccā ꝓmittūt supra nudā terrā dormiunt et comburunt corpora mortuoꝝ.

De regno Coylū Capitulū xxxj

Per plagā aliā dū discedit a regno moabar ȳsus garbinū ad miliaria. cccc. iuenit Coylū vbi sunt xp̄iani mlti et iudei atꝗ ydolatre Ibi ē lingua ꝓpria et Rex Coylū nulli tributarius ē In h̄ regno crescūt birci grādes vt limoni valde boni Piper ibi ē in copia maxiā Nā nemora et cāpestria plena sūt piperis Arbuscula tn̄ ex q̄ piper nascit domestica ē Colligit piper tm̄ in Junio et iulio Ibi ē endici q̄ tractores vtūt i maxiā copia q̄ fit de herba et herbā illā colligūt in vasis magnis quā in aq̄ ponūt et sic tam diu dimittūt donec herba optime mercet Post hec ipāꝫ ponūt ad solem qui in regione illa feruentissime calescit et pre calore maximo bulit herba et coagulat in vnū. Postmodū materiā illā in minucias diuidunt et sic defertur ad nos In regione illa penosum est viuere ꝓpter nimiū calo

rē qui est ibi Si eni onū ibi in flumine ponit̄ in moꝛa moꝰ
dica optime coquit̄ Ad banc regionē ꝓpter mercaciones
multi negociatoꝛes ꝋfluunt de diūsis nacōibꝰ ꝓpter lucꝛ
maximū qd̄ ibi ē In bac ꝓuincia aialia multa sūt cunctis
aliarū regionū aiantibus dissilia Ibi eni sūt leones nigri
totaliter absqꝫ omni coloꝛe Ibi sunt papagalli seu epȳma
chi albi absqꝫ oi coloꝛe ut nix pedes tn̄ rubeos bn̄t ⁊ rostꝛ
Sūt eciā ibi papagalli diuersarū manerierū pulchrioꝛes
illis qui citra mare deferūt ad nos Ibi sūt galline n̄ris ō
nino dissimiles Sia bꝫ regio illa dissimilia regionibꝰ alijs
aues bestias et aromata et boc ē qꝛ calida est supꝛa modū
bladū nullū bn̄t excepto riso/vinū de zucharo faciūt de vic
tualibus ceteris est ibi maxima copia Astrologi ⁊ medici
sunt ibi multi Rudi oēs ābulāt mares et femine et oēs ni
gri sūt verenda tn̄ pulchro pāno tegunt et operit̄ Oēs tn̄
cōiter luxuriosi sunt Consanguinei tercij gradus vxoꝛes
accipiunt et boc ꝑ totā yndiā obseruatur

De ꝓuincia Comari   Capitulū xxxij

Comari regio est yndie vbi videri nō pōt polus articꝰ
et stella q̄ dicit̄ tramontana nā ab insula yana vsqꝫ ad
locū istum videri oīno non potest Si quis aūt intrat mare
iuxta comari ꝑ triginta miliaria inde videbit polū pꝛedicꝰ
tum et videtur esse supꝛa mare ad vnius cubiti mensuram
Ista regio est valde siluestris et babet animalia multa et
multū alijs dissimilia et specialit̄ symeas/sunt ibi symee mlꝰ
te babentes effigiem hominū Ibi sunt catti qui dicuntur
pauli valde diuersi ab alijs Ibi sunt leones leoncie et leo
pardi in copia magna.

De regno bely   Capitulū xxxiij.

Post recessū a comary ysus occidentalē plagā ꝑ milia
ria.ccc.inuenit̄ regnū bely qd̄ bꝫ regē ꝓpriū et ꝓpriū

ydeoma Incole illi⁹ regionis simulachra venerant Rex
ditissimus est habe⁹ magnos thesauros potens aūt nō est
in multitudine aut fortitudine gentis Regio tn adeo fort
est qd ab hostibus non poterit inuadi In hac regione est
pipis zinziberis et alioꝛ nobiliū aromatum copia magna
Si nauis aliqua transitū faciens inde ꝑ vitāda tempesta
te maris vel quacūqꝫ alia causa diuertit ad aliquē huius ꝑ
uincie portū si casualit̄ et nō intencione pura declinat ad il
los viri patrie illius quicquid repitur in naui accipiūt vio﹥
lenter et dicūt vos volebatis ad aliam ꝑuinciā vel patriā
cū marcacionib⁹ vestris ire sed deus noster et fortuna n̄ra
que optima est vos inuitos direxit ad nos ideo a vobis ac
cipimus qd domin⁹ noster et fortuna nostra miserunt no﹥
bis. Hoc malū in tota ꝑuincia fit. In hac regione multi
sunt leones et agrestes

De regno melibar   Capitulū xxxiiij

Post hoc pueni ̄ ad regnū meliber qd est in yndia ma
iori ad occidentalē plagā et habet regē ꝓpriū ꝫ ydeo
ma ꝓpriū Nulliqꝫ alteri tributarius ē rex populus regni
adorat simulachra. In hoc regno videt̄ polus articus. i.
tramōtana et videt̄ esse supra mare ꝑ duo brachia In B
regno et similiter in regno gezurath qd est iuxta eū sunt pi
rate multi valde Singulis autem annis de duobus prefa
tis regniꝫ ingrediūt̄ in mare naues pirataru̅ vltra centū ꝫ
ōes naues mercatoꝛu̅ tra̅seunciu̅ capiūt ꝫ predant ducunt
in mare secū vxores et filios magnos et puos ꝫ tota estate
in mari sūt faciūt āt i mari marinas scalas ne naues trāseu
ciū eoꝛ naues possint effugere. Scale vero hoc mō fiūt ꝑ
transuersū illius maris regionis nauis pirataꝛ elongatur
ab alia ꝑ miliaria quiqꝫ ita ꝙ viginti naues centū miliaria
de maris spacio capiūt Cū aūt pirate vnius nauis videt̄
nauē transeunte cū igne ꝫ fumo alijs socijs collateralibus

ānunciant; et illi similiter alijs collateralibus faciūt & sic cō currūt quot necessarij sūt et depredāt cūcta q̄ repiant i nauibus atq̄ in hunc modū nullus coȝ manus pt euadere homines quos capiūt in p̄sonis nō ledūt s̄ naues & cūcta eoȝ bona capientes ip̄os vacuos in littore ponūt dicētes Ite et rursū p̄curate ditari forsitan cū alijs rebus p̄ nos transitū facietis et q̄ de nouo lucrati fueritis iterū deferetis ad nos In hac regione ē mirabilis bn̄dancia pipis zinzibeȓ et cucurbitaȝ nucū yndie Ibi fit optim⁹ et pulcherrim⁹ buchiranus vltra modū De ciuitatibus hoȝ regnoȝȗ nō scribo quia liber noster nimis p̄tenderet in longū

De regno gozurath   Capitulū xxxv
Aliud regnū vicinū regno meliber d̄z gozurath ibi est rex pp̄rius et pp̄riū ydeoma Est aūt b̄ ad plagā occidentalē de maiori yndia In hoc regno apparet polus artic⁹ sup̄ mare ad altitudinē sex brachioȝ In b̄ regno sūt pirate maiores qui in mūdo sunt Dū ip̄i in mari capiunt mercatores dant eis bibere tamaredos cū aqua maris pp̄ ter q̄d mercatores fluxū ventris paciūt p̄tinuo hoc āt ido faciunt qz mercatores vidētes piratas a lōge veniētes p̄sue nerūt lapides p̄ciosos et margaritas deglutire p̄ hūc igitur modū pirate hn̄t oīa et nichil oīno possunt abscōdere In hac regione ē copia endici pipis et zinziberis Sūt ecīa ibi arbores de quib⁹ bōbaciū ī copia magna colligūt Arbor tm̄ q̄ p̄ducit bōbaciū ascendit in altū cōir ad altitudinē sex passuū & ānis xx. frcificat post xx ānos nichil Bōbaciū āt q̄d i arbore p̄ducit vsq̄ ad xij ānos valet p̄ tela qz xij v̄o ā nis sup̄ valet p̄ cultris vl̄ dyployb⁹ aut p̄ simili ope In b̄ regno copia maxīa ē optimi corij q̄d ibi nobilissīe p̄ficit et parāt

De regnis chaue cambaeth et femenach et resmacoron Capitulū xxxvi

Post hoc puenit p mare chana cambaech semenach z resmacoron ad occidentale plagā que pdcā noīa sunt regnoꝝ in quibꝰ marcacões fiūt maxime vnūqdꝗ eni regnoꝝ regē habet ꝓpriū et ꝓpriū ydeoma z sūt in yndia maiori nō sunt ibi alia q̄ in nr̄o libro iudicaueri describenda. De maiori eciā yndia nō scripsi nisi de t̄ris et regnis q̄ mari adiacent vel de insulis quibusdā q̄ in illo mari sūt labori osū esset valde et adderet libro nostro ꝑplixitas nimia

De duabus insulis in quarū vna habitant viri sine mulieribus In alia femine sine viris   Capitulū xxxvij.

Extra regnū resmacoron ad quinquaginta miliaria in alto mari vsus meridie sūt due insule ad xxx miliaria sibi vicine In vna morant̄ viri sine mulieribus et vocat̄ ī lingua coꝝ insula masculina. In alia vero sūt femine sine viris et vocat̄ ī sula feminea Hij qui has insulas ihabitāt vnū sunt adinuicē et sūt xp̄iani Mulieres nūq̄ vadūt ad ī sulas viroꝝ Viri auteꝥ vadunt ad insulas feminarū et cum eis cōtinuis tribus mensibus imorant̄ Habitat auteꝥ quilibet ī domo sua cū vxore ꝓpria Postmodū ad masculinā insulā reuertit̄ vbi alio anni tp̄e manet ꝑtinue Mulieres filios masculos secū tenent vsq ad xiiij. annū postea mittūtur ad p̄res Mulieres filios nutriunt et quorūdā fructuū sue insule curā bn̄t Viri āt sibi et filijs et vxorib̄ꝰ de victu ꝓuident Piscatores optimi sūt et pisces capiūt infinitos quos receptos et siccos negociatorib̄ꝰ vendūt et lucra m̄gna de hijs piscib̄ꝰ faciūt et ꝓ se magnā copiā bn̄t lacte carnib̄ꝰ piscib̄ꝰ et riso vescūt̄ In h̄ mari ē ambri copia m̄gna et ibi cete multa et gradia capiūt̄ Viri insule illius regem non bn̄t sed Ep̄m suū ꝓ dn̄o recognoscūt Sunt aūt subiecti ep̄o de Scoyran et bn̄t ꝓpriū ydeoma.

De insula Scoyran   Capitulū xxxviij.

Insula aūt Scoyran invenitur ad meridiē post miliaria quinquaginta post recessū a duabus insulis supra
dictis Habitatores insule xpiani sūt et archiepm hūt In
hac insula est copia magna ambri et fiūt ibi de bōbacio op
timi panni et pulcherrimi Mercaciones ibi fiūt multe et
specialiter pisciū Carnibꝰ piscibus lacte τ riso vescūt Ha
bitatores insule bladū nō hūt aliud pter risū Pēs nudi am
bulant Ad hanc insulā multi pirate deferūt ea q̄ pdant in
mari et ibi oīa vendunt Illi āt libentr ea emūt qr sūt ydola
tris et sarracenis ablata et nō xpianis In hac insula multi mercatores sūt inter xpianos illos Si nauis aliqua ab i
sula Scoyran descenderet quā incatatores reuocare vellent q̄ptūcūq̄ pleno velo nauis cū pspero vento currat faci
at arte dyabolica cū incātacionibꝰ suis optimū ventū naui
insurgere ita q̄ oportet eā naue redire retrorsū

De insula mādaygaster   Capitulū xxxix.

Cum āt dīcīt ab insula Scoyran vsus meridiē post
miliaria mille invenitur insula mandaygaster q̄ e de ma
ioribus et dicioribus insulis mūdi Cōtinet āt ābitus eius
in gyro miliaria q̄tuor milia Habitatores insule sarraceni
sūt hūtes legē miserabilis machometti Regē nō hūt s̄ qtu
or senioribus totū insule regnū est p̄missū. In hac insula
plures elephantes sūt q̄ repiūtur in alia regione terrarū
In vniuerso eciā mūdo nō est tanta negociacio denciū ele
phanciū sicut ē ibi et in insula zanzibar In hac isula nō cō
medūt carnes alie nisi cameloꝝ qr inuenerūt eas esse p ce
teris carnibꝰ saniores Est eni ibi cameloꝝ tāta innumera
bilis multitudo qd videt incredibile p stupore iaudite mī
titudinis nisi pprio cernāt intuitu In hac isula sūt eciā mī
ta nemora sandaloꝝ rubeoꝝ de quibꝰ ibi sūt arbores mag
ne de quibus negociacōnes magne fiūt Ibi est ambri co
pia maxima qr in mari tayrdeglie et cete gradia sepe capi-

k i

untur ex quibus ambri colligūt Ibi sunt leopdi τ leoncie et leones magni valde Sūt ibi cerui dāmule τ capre in mltitudine magna et venacōnes maxime bestiarū et volucrū Aues āt regionis illius nris auib9 dissiles sūt valde Sūt cciā ibi aues multaʒ spērū quas oīno in nris regionib9 nō habem9 Ad bāc insulā ppter mercacōem ꝫueniūt naues multe Ad alias vero insulas vltra ad meridiē puus ē concursus nauiū nisi ad insulā ʒanʒibar ppt cursu velocissimū aque maris Naues eni velocit currūt illuc s̄ cū difficultate nimia reuertūt. Eadē eni nauis q̄ de regno moabar ad hanc insulā madaigastar venit in xx diebus vix de madaygastar p̄t in tribus mensibus redire in moabar eo q̄ maris illius vehemens cursus semp currit ad meridiē et nūq̄ ad ptem aliam retrorsū auertitur fluxus ille

De auibus maximis q̄ dn̄t Ruch   Capitulū xl.

In insulis ill' ad q̄s naues iuitissime vadūt vt dixi ꝑpter velocissimū cursū apprʒ ꝯto anni tpe vna spēs auiū mirabil' q̄ dr̄ Ruch. Assimilat' āt aquile i effigie corpis s̄ mīe magnitudinis sūt Asserūt qui viderūt eas q̄ pēne alenius xij passus i lōgitudine bn̄t grossicies āt pennaʒ τ corpis aiālis scdm̄ pporcionē debitā tāte pēnarū lōgitudini corr̄ndet Est āt auis illa tāte fortitudinis et ꝟtutis q̄ vna ex h9 mōi auib9 absq̄ alteri9 auxilio auis capit elephantē et i altū aerē eleuaret ibi dimittit vt cadat τ ꝯfrigat̄ Post modū sup ei9 cadauar dn̄didit et deuorat carnes ei9 Ego āt marcus qn̄ hec audiui p̄mo narrari putaui q̄ aues ille erāt griffones de quib9 fert q̄ p̄ti auiū et p̄ti bestiaʒ similitudinē habeāt Sʒ hij qui aues illas viderūt ꝯstātissime asserebāt q̄ nō bn̄t in pte aliq̄ bestie sililitudinē s̄ duos solūm̄ pedes bn̄t vt aues Magn9 kaā rex Cublay ad insulas illas nūcios misit vt quēdā eius nunciū qui ibi capt9 erat facerʒ relaxari Insup illis iposuit vt ei referre scirent i suo r̄ditu plage q̄ obscuritas nūcupat̄ p̄ eo q̄ sole ibi nō apparēte p̄ maiori anī tp̄e ibi tn̄brosus est aer i crepusculi modū Sūt āt boiēs illi⁹ regionis pulchri magni ⁊ corpulenti s̄ sūt pallidi valde. Regē n̄ hn̄t neq̄ p̄ncipē cui⁹ sunt dicioni s̄biecti s̄ incultoꝛ moꝛū boiēs sunt bestialit̄ viuētes Tartari vo q̄ h⁹ mōi boib⁹ sūt affines sepe r̄gionē illā iuadūt ⁊ ipoꝛ aialia et bona diripiūt mltaq̄ ip̄is iserūt dāpna. Q̄ vo p̄p̄ aeris caliginē ad p̄pa postmodū redire n̄ scirēt eq̄s pullos hn̄tes equitāt carūq̄ pullos faciūt i introitu r̄gionis a custodib⁹ detineri L̄ uq̄ capta i tn̄bris p̄da ad regionē lucis voluerint igredi equab⁹ suis frena relaxātes ip̄as libere q̄ volūt ire p̄mittūt. Æque āt ibȳātes ad filios loca vbi eos dimiserāt repetūt sessoꝛes suos quo r̄dire nō nouerāt r̄ducētes h⁹ icole capiūt i copia magna ermelinos varios herculinos et alia h⁹ mōi aiālia hn̄tes pelles delicatas defert q̄ pelles ad lucis t̄ras finitimas vbi de eis faciūt luc̄ māgna

De p̄uincia Ruthenoꝛ ☙ Capitulū I.

Rutheno ꝛ vo p̄uincia maxima ad polū articū sita est h⁹ terre p̄pli xp̄iani sūt ⁊ h̄uāt in ecclesiasticis officijs ritū grecoꝛū D̄cs sūt albi et pulchri valde flauos capillos hn̄tes Tributarij sūt regis tartaroꝛ cui⁹ ad oꝛientalē plagā affines sunt de pellib⁹ ermellinoꝛ sabellinoꝛ vulpiū et herculinoꝛ et varioꝛū copia maxima ibi ē Multi sūt argenti minere Est āt r̄gio frigida sup̄ modū et vsq̄ ad mare occanū p̄tendit̄ In mari illo insule q̄dā sūt in quib⁹ nascūtur et capiūt girfalchi et herodij seu falcones peregrini in copia magna qui postmodū ad regiones diuersas et p̄uīcias deferūtur.

☙ Explicit liber dn̄i marci de venecijs ☙ Deo gracias